また、「会議で話すのに必要なフレーズ」に加えて、「会議に必ず登場する、聞いて理解すべき英語」も盛り込んでいるので、シーンを追うだけで英語の会議の基本的な流れが頭に入るでしょう。

これらを身に付けたあなたは、自信をもって会議に出席し、意見を述べられるようになると、コーチの私がお約束します！

ポイントを押さえた5時間集中レッスンなので、多忙な皆さんでも必ずやりとげられるはず。コーチとしてベストを尽くしますので、共に頑張りましょう！

柴山かつの

目　次

はじめに ……………………………………………………………… 002
英語の会議は直前5時間で勝負！ ………………………………… 006
この本の使い方 ……………………………………………………… 008

本番まであと5時間!!

　　　オリエンテーション ……………………………………… 011
　　　Unit 1　スケジュール調整 ……………………………… 015
　　　Unit 2　会議前のあいさつ ……………………………… 021
　　　到達度チェックリスト …………………………………… 029

本番まであと4時間!!

　　　Unit 3　役割分担 ………………………………………… 033
　　　Unit 4　議題の確認 ……………………………………… 039
　　　Unit 5　意見を述べる …………………………………… 045
　　　到達度チェックリスト …………………………………… 052

本番まであと3時間!!

　　　Unit 6　賛成・反対する ………………………………… 054
　　　Unit 7　詳細を尋ねる …………………………………… 060
　　　Unit 8　質問に答える …………………………………… 066
　　　到達度チェックリスト …………………………………… 072

本番まであと2時間!!

Unit 9	部分的に賛成・反対	074
Unit 10	提案する	081
Unit 11	検討する	087
	到達度チェックリスト	093

本番まであと1時間!!

Unit 12	妥協する	096
Unit 13	発言を撤回する	102
Unit 14	終了する	108
	到達度チェックリスト	115

言いたいことがすぐ探せる!
場面・機能別フレーズ集

ビジネスシーン　会議前(スケジュール調整／あいさつ／紹介) ……………… 116
　　　　　　　　会議冒頭(議事進行の確認／発表する) ……………………… 122
　　　　　　　　会議中(意見を述べる／賛成・反対／質疑応答／提案する／
　　　　　　　　　交渉する／発言をめぐる表現／議事進行に関する表現) …… 127
　　　　　　　　会議終盤(結論を導く／会議を締めくくる) ………………… 148

英語の会議は直前5時間で勝負!

本書の内容は、5時間後に英語で会議に参加することを想定して、以下のように構成されています。会議なので、自分が発言しない場面でも内容の理解は必須。少し長めの会話が毎回登場するのはそのためです。本番までの時間は限られているので、自分に必要と思われるフレーズだけを選んで口に出しながら、各ユニットの学習を進めましょう。

本番まであと5時間!!

【オリエンテーション】 10分
【会議前】 Unit 1 スケジュール調整 25分
Unit 2 会議前のあいさつ 25分

● 会議のセッティングと、会議開始前の出席者とのあいさつをマスター! 自己紹介の作り方も併せて学びます。

本番まであと4時間!!

【会議冒頭】 Unit 3 役割分担 20分
Unit 4 議題の確認 20分
【意見】 Unit 5 意見を述べる 20分

● 会議冒頭部分では、出席者の役割分担や議題の確認を必ず行います。
● 議長から紹介を受けたら、いよいよ会議で発言します。

本番まであと3時間!!

【賛成・反対】 Unit 6 賛成・反対する 20分
【質疑応答】 Unit 7 詳細を尋ねる 20分
Unit 8 質問に答える 20分

- 会議では、賛成や反対、もしくは意見の保留を表明する必要があります。
- 疑問があったらその場で質問し、質問されたらできる限り詳しく回答します。

本番まであと2時間!!

【議論】 Unit 3 部分的に賛成・反対 20分
　　　　 Unit 10 提案する 20分
【検討】 Unit 11 検討する 20分

- 議論を進めるために必要となる、さまざまな表現をマスターします。
- 議題からの脱線を修正したり、相手の真意を確認する表現も学びます。

本番まであと1時間!!

【会議終盤】 Unit 12 妥協する 20分
　　　　　　 Unit 13 発言を撤回する 20分
　　　　　　 Unit 14 終了する 20分

- 会議終盤で、結論を出すために必要な表現を学びます。
- 会議を終えるときに必要な確認事項も、しっかりマスターしましょう。

さあ、会議の場に臨みましょう!

ここまで来れば準備は万端。部署や会社を代表する立場で、堂々と会議の場に臨み、自信を持って発言しましょう。

この本の使い方

各時間の学習は、①〜⑪の順番で進めます。

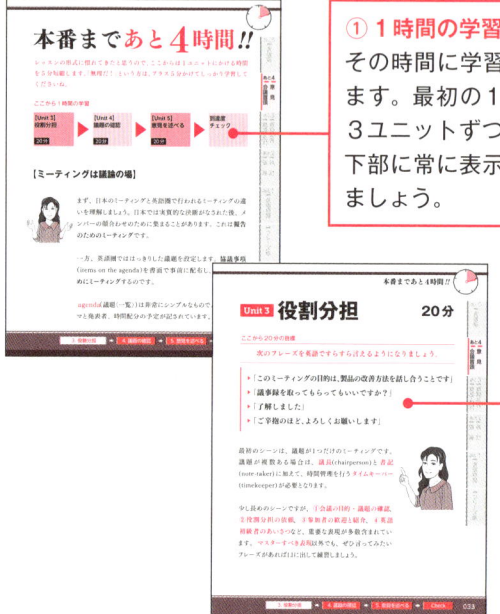

① **1時間の学習の流れ**
その時間に学習する内容と、時間配分が示されています。最初の1時間は2ユニット、残りの4時間は3ユニットずつ学びます。このチャートは右ページ下部に常に表示されるので、進行状況の把握に使いましょう。

② **1ユニットごとの目標**
ここに挙げられた日本語フレーズを、20分(最初の2ユニットのみ25分)後に英語ですらすら言えるようになる！ それが目標です。どんな英語フレーズで表せばいいか、ページをめくる前に考えてみましょう。

③ **臨場感たっぷり！ ビジネスシーン**
前ページの日本語フレーズに対応する英語(マスターすべき表現)が、色文字で示されています。ここに特に注意しながら、CDでビジネスシーンの会話を聞きましょう。

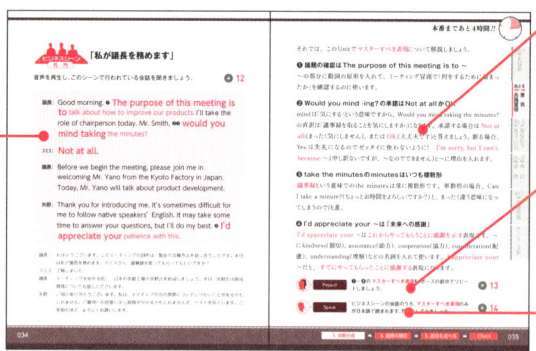

008

⑦ **使うための知識を仕入れる**
マスターすべき表現を少しだけ変えて、表現力をアップさせるコーナー。日本語の後に英語で言ってみましょう。

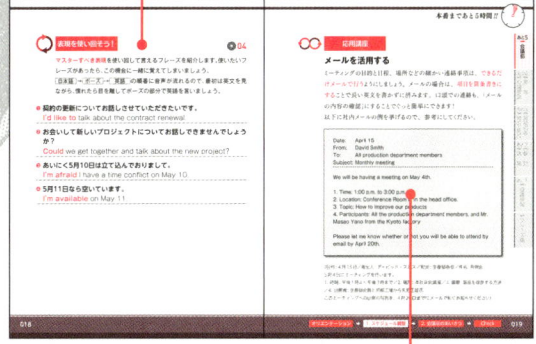

④ **使うための知識を仕入れる**
マスターすべき表現について、使う際の注意点や、使い回しのコツを解説しています。

⑤ **Repeatで声を出す！**
マスターすべき表現のみが読まれるので、ポーズの部分で繰り返しましょう。

⑥ **Speakで「聞きながら話す」**
ビジネスシーンの音声のうち、マスターすべき表現のみ、最初に日本語訳が読まれます。続くポーズの部分で、英語を口に出しましょう。

⑧ **プラスαの「応用講座」**
ユニットのテーマに合わせて、一緒に知っておくと便利な知識・フレーズ・語彙を紹介します。

どのユニットも基本的に同じ構成なので、慣れればスピーディに進められます

009

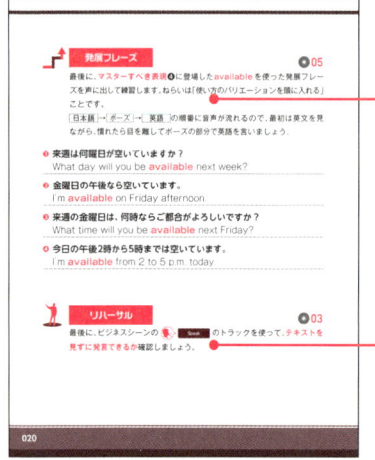

⑨ 一段階上の「発展フレーズ」
マスターすべき表現を核にした、発展的なフレーズです。日本語の後に英語で言ってみましょう。

⑩ なりきり「リハーサル」
Speakと同じ音声を使って、テキストを見ないでマスターすべき表現を口に出しましょう。実際の会議で言えそうですか？

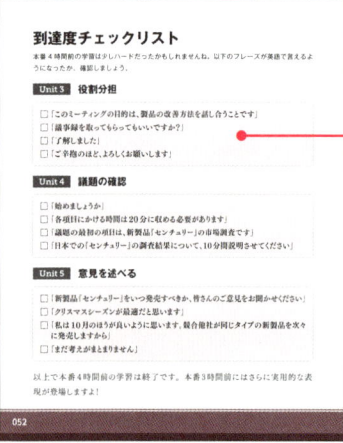

⑪ 目標到達度をチェック
各ユニットのマスターすべき表現を、英語ですらすら言えるようになったでしょうか。もし言えないフレーズがあったら、次の学習に進む前に必ず復習を！

「場面・機能別フレーズ集」音声ダウンロードのご案内

巻末の「場面・機能別フレーズ集」の音声ファイル(mp3)は、ダウンロードしてご利用いただけます。
下記のリンクにアクセスし、『英語の会議　直前5時間の技術』を選択、フォームに必要事項をご記入の上送信いただくと、ダウンロードページURLのご案内メールが届きます。

ALC Download Center　http://www.alc.co.jp/dl/

●弊社制作の音声CDは、CDプレーヤーでの再生を保証する規格品です。
●パソコンでご使用になる場合、CD-ROMドライブとの相性により、ディスクを再生できない場合がございます。ご了承ください。
●パソコンでタイトル・トラック情報を表示させたい場合は、iTunesをご利用ください。iTunesでは、弊社がCDのタイトル・トラック情報を登録しているGracenote社のCDDB（データベース）からインターネットを介してトラック情報を取得することができます。
●CDとして正常に音声が再生できるディスクからパソコンやmp3プレーヤー等への取り込み時にトラブルが生じた際は、まず、そのアプリケーション(ソフト)、プレーヤーの製作元へご相談ください。

本番まであと5時間!!

英語の会議に出席することになったあなた。準備時間は５時間しかありません。でも大丈夫！　その時間をフルに使って柴山先生のレッスンを受ければ、発言も質問もしっかりできるようになります。早速始めましょう！

ここから１時間の学習

オリエンテーション 10分 ▶ 【Unit 1】スケジュール調整 25分 ▶ 【Unit 2】会議前のあいさつ 25分 ▶ 到達度チェック

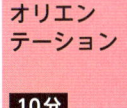

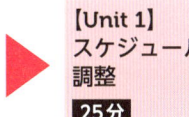

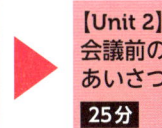

オリエンテーション 【口と手を動かそう！】 10分

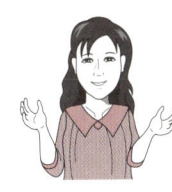

皆さん、こんにちは！　コーチの柴山です。皆さんが突然、「英語ミーティングに参加してください」と言われたらどうしますか？　参加するだけでなく、主催まですることになったら？　**フレーズ集を1冊買うだけでは、話せるようにはなりませんね。**

直前の5時間を最大限に生かすため、学習には**五感を使いましょう！** 私は「**①目で見る→②聞く→③手で書く→④声に出して言う**」という順番で英語を学習してきました。書くと記憶への定着度は数倍になると言われています。ですから本書でも、英文を見て、聞いた後、特に覚えたいフレーズやなかなか覚えられないフレーズは、余白やメモ帳に書くことをおススメします。

また、歌は歌わずに聞いているだけではうまくなりません。ミーティングで話すための英語は、**実際に話す声の大きさで、口に出して**練習しましょう。鏡に向かって練習するのも良い方法です。

本書では以下のような順番で、各Unitを学習していきます。

ミーティングの一部を切り取ったシーンです。社内会議と社外会議の2種類があります。会話はある程度の長さがありますが、Unit内で確実に**マスターするのは番号が付いている表現のみ**。ただ、ミーティングにおいては、相手の言うことを理解したり、話の流れをつかむことも必要なので、どういう会話の中で使えばいいのかも同時に学びましょう。ここには、リスニング用の音声以外に2種類の音声が用意されています。

（**マスターすべき表現**をポーズの部分で繰り返す）
（ビジネスシーンの会話のうち、**マスターすべき表現**のみ日本語
　　　　で読まれるので、その後のポーズで英語にする）

 表現を使い回そう！

マスターすべき表現の言い換えパターンをご紹介。表現できる内容が一気に増えます。日本語→ポーズ→英語のポーズの部分で、言い換えパターンを繰り返し口に出しましょう。

本番まであと5時間!!

 応用講座

Unitの内容に沿った「知っておきたいさまざまな知識」やフレーズを紹介します。覚えるというより、頭に入れる感覚で読んだり聞いたり口に出したりしてみてください。

 発展フレーズ

マスターすべき表現から選んだ、1つの表現の発展フレーズを紹介します。すぐに覚えられなくても、今後の表現力アップに役立つので、 日本語 → ポーズ → 英語 のポーズの部分で繰り返し口に出しましょう。

 リハーサル

ビジネスシーンの Speak のトラックを使って、**テキストを見ずに発言できるか**確認します。ポーズ内で話せるようになるまで繰り返し練習しましょう。

Unit内の学習内容はお互いに関連付けられているので、記憶しやすく、後で思い出すことが容易です。また、どのUnitも基本的に同じ構成なので、やり方がわかれば効率的に進められるでしょう。

オリエンテーション ➡ 1. スケジュール調整 ➡ 2. 会議前のあいさつ ➡ Check

実際のミーティングで発言する際には、以下のような点に注意する必要があります。

> 1 はっきり大きな声で話す
> 2 相手をしっかり見て話す

英語や発音に自信がないからと言って、ボソボソとしゃべっていては何も伝わりません。また、**相手の目をしっかり見つめて話すことで信頼感**が生まれます。**アイコンタクト**が弱いと、「自信のない人」と思われてしまうので、うつむいて話したり、もじもじしたりしないようにしましょう。CDの音声をリピートする際も、上記の点は必ず意識すること！

それではミーティングの進行に合わせて、まずは、**①スケジュール調整と②ミーティング前のあいさつ**からスタートです！

> では、次のページから、**Unit 1**のレッスンを始めます。

本番まであと5時間!!

Unit 1 スケジュール調整
25分

ここから25分の目標
次のフレーズを英語ですらすら言えるようになりましょう。

- 「新製品についてお話しするため、御社に伺いたいのですが」
- 「来週の木曜日にミーティングの設定は可能でしょうか」
- 「あいにくその日はスケジュールが詰まっています」
- 「2時以降なら空いています」

まずは、ミーティングのアポイントメントを取るシーンから始めましょう。

新製品を売り込みたいときなど、営業担当者は顧客にミーティングの目的と日程、場所を伝えて都合を尋ねます。顧客は自分の都合を伝え調整を求めますね。

> 何事も基本が大切！
> スムーズにスケジュール調整できる
> 英語表現を身に付けましょう！

オリエンテーション → 1. スケジュール調整 → 2. 会議前のあいさつ → Check

「ミーティングを行いたいのですが」

音声を再生し、このシーンで行われている会話を聞きましょう。　🔘 01

営業: ❶**I'd like to** visit your office to talk about our new product. ❷**Could** we arrange a meeting for next Thursday?

顧客: ❸**I'm afraid** I'm fully booked that day.

営業: When would be a good time for you?

顧客: How about Friday? ❹**I'm available** after 2 o'clock.

営業: 新製品についてお話しするため、御社に伺いたいのですが。来週の木曜日にミーティングの設定は可能でしょうか？
顧客: あいにくその日はスケジュールが詰まっています。
営業: いつならご都合がよろしいですか？
顧客: 金曜日はいかがですか？　2時以降なら空いています。

それでは、このUnitで**マスターすべき表現**について解説しましょう。
ビジネスの場では日常会話で使うよりも丁寧な表現が多用されます。文法的な分析よりも、「ビジネスの場ではこういう言い方をする」と丸ごと覚えてしまったほうが使いやすいでしょう。

本番まであと5時間!!

❶ 希望を丁寧に表す万能表現 I'd like to ～

I want to ～.の丁寧な表現です。ビジネスの場面ではこちらを使います。～の部分に「希望していること」を入れましょう。

❷ ビジネスで依頼・提案表現に使うCould ～?とWould ～?

ビジネスで依頼や提案をする際は、Could ～?やWould ～?を使いましょう。**Could** we arrange a meeting ～?は**Can** we arrange a meeting ～?よりも丁寧ですし、When **would be** a good time for you?はWhen **is** a good time for you?よりも丁寧です。

❸ 「言いにくいこと」には必ず付けるI'm afraid ～

都合を聞かれて、I'm fully booked that day.とだけ述べるとぶっきらぼうに聞こえてしまいます。I'm afraidを入れることで相手に申し訳ない気持ちが伝わり、丁寧な表現になります。

❹ 「予定が空いている」はI'm available ～で

I'm available ～.はI'm free ～.(～は暇です)よりビジネスの場面にふさわしい表現です。自分以外の予定を伝えるときも、I'm afraid that Dr. Smith **is not available** on May 5.(あいにくスミス先生の5月5日の予定は空いていません)のように使えます。この場合もfreeを使うのは避けましょう。

 ❶～❹の**マスターすべき表現**を、ポーズの部分でリピートしましょう。　　02

 ビジネスシーンの会話のうち、**マスターすべき表現**のみが日本語で読まれます。ポーズで英語にしましょう。　　03

オリエンテーション → 1. スケジュール調整 → 2. 会議前のあいさつ → Check　　017

表現を使い回そう！

マスターすべき表現を使い回して言えるフレーズを紹介します。使いたいフレーズがあったら、この機会に一緒に覚えてしまいましょう。
日本語 → ポーズ → 英語 の順番に音声が流れるので、最初は英文を見ながら、慣れたら目を離してポーズの部分で英語を言いましょう。

❶ 契約の更新についてお話しさせていただきたいです。
I'd like to talk about the contract renewal.

❷ お会いして新しいプロジェクトについてお話しできませんでしょうか？
Could we get together and talk about the new project?

❸ あいにく5月10日は立て込んでおりまして。
I'm afraid I have a time conflict on May 10.

❹ 5月11日なら空いています。
I'm available on May 11.

本番まであと5時間！！

応用講座

メールを活用する

ミーティングの目的と日程、場所などの細かい連絡事項は、**できるだけメールで行う**ようにしましょう。メールの場合は、**項目を箇条書きにする**ことで長い英文を書かずに済みます。口頭での連絡も、「メールの内容の確認」にすることでぐっと簡単にできます！
以下に社内メールの例を挙げるので、参考にしてください。

Date: April 15
From: David Smith
To: All the production department members
Subject: Monthly meeting
- -
We will be having a meeting on May 4.

1. Time: 1:00 p.m. to 3:00 p.m.
2. Location: Conference Room B in the head office.
3. Topic: How to improve our products
4. Participants: All the production department members, and Mr. Masao Yano from the Kyoto factory

Please let me know whether or not you will be able to attend by email by April 20.

(日付：4月15日／差出人：デービッド・スミス／宛先：生産部各位／件名：月例会
5月4日にミーティングを行います。
1. 時間：午後1時より午後3時まで／2. 場所：本社B会議室／3. 議題：製品を改良する方法／4. 出席者：生産部全員と京都工場から矢野正雄氏
このミーティングへの出席の可否を、4月20日までにメールで私にお知らせください)

発展フレーズ 05

最後に、**マスターすべき表現❹**に登場したavailableを使った発展フレーズを声に出して練習します。ねらいは「使い方のバリエーションを頭に入れる」ことです。

日本語 → ポーズ → 英語 の順番に音声が流れるので、最初は英文を見ながら、慣れたら目を離してポーズの部分で英語を言いましょう。

❶ 来週は何曜日が空いていますか？
What day will you be **available** next week?

❷ 金曜日の午後なら空いています。
I'm **available** on Friday afternoon.

❸ 来週の金曜日は、何時ならご都合がよろしいですか？
What time will you be **available** next Friday?

❹ 午後2時から5時までは空いています。
I'm **available** from 2 to 5 p.m.

 リハーサル 03

最後に、ビジネスシーンの Speak のトラックを使って、**テキストを見ずに発言できるか**確認しましょう。

本番まであと5時間!!

Unit 2 会議前のあいさつ
25分

ここから25分の目標

次のフレーズを英語ですらすら言えるようになりましょう。

- 「お会いできてうれしいです」
- 「名刺をお受け取りください」
- 「こちらのマーク・ガルシアさんをご紹介したいと思います」
- 「マーケティングを担当しております」

ミーティングを始める前には、初対面の出席者とあいさつを交わしますね。この際大切なのは第一印象！　日本人には**握手**が苦手な人が多いですが、握手は「友情と自信」を意味するので、笑顔でしっかりと相手の手を握るようにしましょう。

そもそも握手には、効き手である右手を握り合うことにより、お互いが武器を持っていないのを確認する意味があったと言われています。相手が目上の人や女性の場合は、手を差し出してくれるのを待ちましょう。

握手や名刺交換のタイミングについてよく生徒さんから質問を受けますが、基本的には以下のような流れになります。

① 相手が大きく手を差し出し、Good morning. などとあいさつしながら近づいてきます。
② こちらも優しくほほ笑み、**アイコンタクトしながら**手を差し出しましょう。
③ あいさつを言い終わるタイミングで、相手が手を握ってきます。
④ 相手はMy name is 〜. と自己紹介しながらあなたの手を1回振り、Nice to meet you. と締めくくって自然に手を離します。
⑤ こちらも自己紹介し、**あいさつした後に名刺を渡します**。渡す際も受け取る際も、**必ず両手を使いましょう**（名刺は訪問者が先に渡します）。なお、自己紹介の際、I'm 〜. は目上の人には使わないようにしましょう。

カジュアルなあいさつでは
Hi! → My name is 〜. → 握手
のパターンも多いです。
相手の形式に合わせましょう。
大切なのはアイコンタクトです

本番まであと5時間!!

「お会いできてうれしいです」

音声を再生し、このシーンで行われている会話を聞きましょう。　🔊 06

ホワイト： My name's David White. ❶**Nice to meet you.**

田中： Nice to meet you, too. I'm Mai Tanaka from ABC Electronics. ❷**Here's** my business card.

ホワイト： Oh, thank you. Here's my card, too. Thank you very much for coming all the way here. ❸**I'd like you to meet** Mark Garcia.

ガルシア： It's a great pleasure to meet you. ❹**I'm in charge of** marketing.

ホワイト：デービッド・ホワイトです。お会いできてうれしいです。
田中：　　私もです。ABC電気の田中舞と申します。名刺をお受け取りください。
ホワイト：ありがとうございます。こちらが私の名刺です。遠いところをお越しいただいてありがとうございます。こちらのマーク・ガルシアさんをご紹介したいと思います。
ガルシア：お会いできてとてもうれしいです。マーケティングを担当しております。

社外の人と初めて会ったときの典型的な会話ですね。このUnitでは初対面のあいさつ、名刺交換、上司や部下を紹介する表現と自己紹介を学びます。

❶ Nice ～の使い分けに注意

Nice to meet you. は初対面のあいさつです。2度目以降はNice to see you (again). (〈また〉お会いできてうれしいです) を使います。重役など役職が高い人との初対面のあいさつには、It's an honor to meet you. (お目にかかれて光栄です) を使うといいでしょう。Nice meeting you. (お会いできて良かったです) は別れる際の言葉なので、間違わないようにしましょう。

❷ 動きのあるHere's ～

ここでは Here's my business card. と名刺を差し出しています。Here's ～. (こちらが～になります、～をどうぞ) はThis is ～. より動きのある英語らしい表現で、～に「名刺」のみでなく、さまざまな「名詞」を入れて応用できます。

❸ 人を紹介する場合のI'd like you to meet ～

～に紹介する人の名前を入れます。同じ意味でもI'd like to introduce ～ to you. のほうがフォーマルな言い方です。目の前の人を「こちらが～です」と紹介する場合、He/She is ～. は失礼になるので、This is ～. を使います。

❹ 2つの意味があるI'm in charge of ～

～に所属部署を入れると「～部の責任者」、仕事内容を入れると「～の担当者」の意味になります。

 ❶～❹のマスターすべき表現を、ポーズの部分でリピートしましょう。　 **07**

 ビジネスシーンの会話のうち、マスターすべき表現のみが日本語で読まれます。ポーズで英語にしましょう。　**08**

表現を使い回そう！ 🔊09

マスターすべき表現を使い回して言えるフレーズを紹介します。使いたいフレーズがあったら、この機会に一緒に覚えてしまいましょう。
日本語 → ポーズ → 英語 の順番に音声が流れるので、最初は英文を見ながら、慣れたら目を離してポーズの部分で英語を言いましょう。

❶ **またお会いできてうれしいです**〈初対面でなく、会うのが2度目以降の場合〉。
Nice to see you again.

❷ **こちらが会社概要です。**
Here's our company brochure.

❸ **弊社の優秀な販売担当者**（の1人）、ジョニー・スミスをご紹介したいと思います。
I'd like you to meet Johnny Smith, one of our best sales representatives.

❹ **私は宣伝部の責任者です。**
I'm in charge of the advertising department.

❺ **私はこのプロジェクトを担当しています。**
I'm in charge of this project.

 **応用講座**

自己紹介をカスタマイズする

英語を母国語とする国では、多くの人が大学時代の専攻を専門職に生かしています。一方日本では、専攻と関係ない仕事に就いている人も多いので、相手の信頼を得るため、**自分の経歴、スキル、専門分野をアピールする自己紹介文**を用意する必要があります。以下に典型的なフレーズを挙げるので、使いたいフレーズを選んで声に出してみましょう。

1. **田中健太です。略して健と呼んでください。** ⇒親近感が増す表現です
   My name is Kenta Tanaka. Please **call** me Ken **for short**.

2. **東京で生まれて京都で育ちました。** ⇒出身地の説明を用意しましょう
   I **was born** in Tokyo and **grew up** in Kyoto.

3. **大学で法律を専攻した**ことが、企画部でも大変**役立ちました**。
   I **majored in** law in university, and it **has helped** me a lot in the planning department.

4. **私は4月に本社に異動してきました。**
   I **was transferred** to our headquarters in April.

5. **マーケティングでの経験が営業でも大いに役立つでしょう。**
   My experience in marketing will help a lot in sales.

本番まであと5時間!!

6. 英語は**まだまだ勉強中**です。
I**'m still learning** English **at the moment**.

7. 私は**業務に精通**し、**人脈も豊富**なので売り上げを伸ばせると確信しております。
I **have good methods** and **a lot of contacts**, so I'm confident of increasing sales.

自分用の自己紹介文を作ってみよう！

あと5 会議前
あと4 会議冒頭 / 意見
あと3 賛成・反対 / 質疑応答
あと2 議論 / 検討
あと1 会議終盤
フレーズ集

オリエンテーション ➡ 1. スケジュール調整 ➡ 2. 会議前のあいさつ ➡ Check

発展フレーズ 🔴11

最後に、**マスターすべき表現❷**に登場した**Here's**を使った発展フレーズを声に出して練習します。ねらいは「使い方のバリエーションを頭に入れる」こと。

日本語 → ポーズ → 英語 の順番に音声が流れるので、最初は英文を見ながら、慣れたら目を離してポーズの部分で英語を言いましょう。

❶ プレゼントです。気に入っていただければ良いのですが。
Here's a present. I hope you like it.

❷ 私のアイデアはこうです。
Here's my idea.

❸ こちらが顧客リストです。
Here's a list of our clients.

❹ こちらが、ご依頼のあった情報です。
Here's the information you requested.

 リハーサル 🔴08

最後に、ビジネスシーンの Speak のトラックを使って、**テキストを見ずに発言できるか**確認しましょう。

到達度チェックリスト

本番5時間前の学習の手ごたえはいかがですか？
あれこれ欲張っても使いこなすことはできませんから、ここでは以下のフレーズを英語で言えるようになったら良しとしましょう。

Unit 1　スケジュール調整

- ☐「新製品についてお話しするため、御社に伺いたいのですが」
- ☐「来週の木曜日にミーティングの設定は可能でしょうか」
- ☐「あいにくその日はスケジュールが詰まっています」
- ☐「2時以降なら空いています」

Unit 2　会議前のあいさつ

- ☐「お会いできてうれしいです」
- ☐「名刺をお受け取りください」
- ☐「こちらのマーク・ガルシアさんをご紹介したいと思います」
- ☐「マーケティングを担当しております」

お疲れさまでした！　これで1時間目の学習は終了です。2時間目からはいよいよ会議が始まります。必ず声に出しながら学習を進めましょう！

> 実際に話す声の大きさで練習するのが大切です

オリエンテーション ➡ 1. スケジュール調整 ➡ 2. 会議前のあいさつ ➡ Check

本番まであと4時間!!

レッスンの形式に慣れてきたと思うので、ここからは1ユニットにかける時間を5分短縮します。「無理だ！」という方は、プラス5分かけてしっかり学習してくださいね。

ここから1時間の学習

【ミーティングは議論の場】

まず、日本のミーティングと英語圏で行われるミーティングの違いを理解しましょう。日本では実質的な決断がなされた後、メンバーの顔合わせのために集まることがあります。これは**報告のためのミーティング**です。

一方、英語圏でははっきりした議題を設定します。**協議事項**(items on the agenda)を書面で事前に配布し、**議論するためにミーティング**するのです。

agenda(議題〈一覧〉)は非常にシンプルなもので、通常、テーマと発表者、時間配分の予定が記されています。複数の国籍

の参加者が出席するミーティングは、言葉と文化の違いのためスムーズに進まないこともあるので、事前にしっかりとした予定を立てておくことが大切です。

オープニングが明るい雰囲気で始まるとミーティングはスムーズに進むものです。議長は次の3つのことを押さえてから、議事を進行させます。

> 1 簡単なあいさつ、または、参加に感謝するあいさつ
> 2 ミーティングの議題確認（項目が複数あれば、割り当てられた時間も確認）
> 3 外部の人がいる場合は、明るく紹介し歓迎の意を示す

それではそろそろミーティング会場へと入っていきましょう。**マスターすべき表現**は、必ず声に出して練習してください。

本番まであと4時間!!

Unit 3 役割分担　20分

ここから20分の目標

次のフレーズを英語ですらすら言えるようになりましょう。

▶「このミーティングの目的は、製品の改善方法を話し合うことです」
▶「議事録を取ってもらってもいいですか？」
▶「了解しました」
▶「ご辛抱のほど、よろしくお願いします」

最初のシーンは、議題が1つだけのミーティングです。議題が複数ある場合は、**議長**(chairperson)と**書記**(note-taker)に加えて、時間管理を行う**タイムキーパー**(timekeeper)が必要となります。

少し長めのシーンですが、**①会議の目的・議題の確認**、**②役割分担の依頼**、**③参加者の歓迎と紹介**、**④英語初級者のあいさつ**など、重要な表現が多数含まれています。**マスターすべき表現**以外でも、ぜひ言ってみたいフレーズがあれば口に出して練習しましょう。

3. 役割分担 ➡ 4. 議題の確認 ➡ 5. 意見を述べる ➡ Check

「私が議長を務めます」

音声を再生し、このシーンで行われている会話を聞きましょう。　　🔘 **12**

議長: Good morning. ❶ **The purpose of this meeting is to** talk about how to improve our products. I'll take the role of chairperson today. Mr. Smith, ❷❸ **would you mind taking** the minutes?

スミス: **Not at all.**

議長: Before we begin the meeting, please join me in welcoming Mr. Yano from the Kyoto Factory in Japan. Today, Mr. Yano will talk about product development.

矢野: Thank you for introducing me. It's sometimes difficult for me to follow native speakers' English. It may take some time to answer your questions, but I'll do my best. ❹ **I'd appreciate your** patience with this.

議長: おはようございます。このミーティングの目的は、製品の改善方法を話し合うことです。本日は私が議長を務めます。スミスさん、議事録を取ってもらってもいいですか？

スミス: 了解しました。

議長: ミーティングを始める前に、日本の京都工場の矢野氏を歓迎しましょう。本日、矢野氏は製品開発についてお話しくださいます。

矢野: ご紹介ありがとうございます。私は、ネイティブの方の英語についていけないことがあるかもしれません。ご質問への回答に少し時間がかかるかもしれませんが、ベストを尽くします。ご辛抱のほど、よろしくお願いします。

本番まであと4時間!!

それでは、このUnitでマスターすべき表現について解説しましょう。

❶ 議題の確認はThe purpose of this meeting is to ~

~の部分に動詞の原形を入れて、ミーティング冒頭で「何をするために集まったか」を確認するのに使います。

❷ Would you mind -ing?の承諾はNot at allかOK

mindは「気にする」という意味ですから、Would you mind taking the minutes?の直訳は「議事録を取ることを気にしますか」になります。承諾する場合はNot at all.(まったく気にしません)、またはOK.(大丈夫です)と答えましょう。断る場合、Yes.は失礼になるのでゼッタイに使わないように！ I'm sorry, but I can't, because ~.(申し訳ないですが、~のでできません)と~に理由を入れます。

❸ take the minutesのminutesはいつも複数形

議事録という意味でのthe minutesは常に複数形です。単数形の場合、Can I take a minute?(ちょっとお時間をよろしいですか?)と、まったく違う意味になってしまうので注意。

❹ I'd appreciate your ~は「未来への感謝」

I'd appreciate your ~はこれからやってもらうことに感謝を示す表現です。~にkindness(親切)、assistance(助力)、cooperation(協力)、consideration(配慮)、understanding(理解)などの名詞を入れて使います。I appreciate your ~だと、すでにやってもらったことに感謝する表現になります。

 Repeat ❶~❹のマスターすべき表現を、ポーズの部分でリピートしましょう。 ◉ 13

 Speak ビジネスシーンの会話のうち、マスターすべき表現のみが日本語で読まれます。英語にしてみましょう。 ◉ 14

表現を使い回そう！ 🔊 15

マスターすべき表現を使い回して言えるフレーズを紹介します。使いたいフレーズがあったら、この機会に一緒に覚えてしまいましょう。
日本語 → ポーズ → 英語 の順番に音声が流れるので、最初は英文を見ながら、慣れたら目を離してポーズの部分で英語を言いましょう。

❶ この会議の目的は、製品の欠陥率を低くする方法の検討です。
The purpose of this meeting is to discuss how to lower the product defect rate.

❷ タイムキーパーになってもらってもいいですか？── もちろんです。
Would you mind being the timekeeper? ── **Not at all.**

❸ 本日のミーティングでは私が議事録を取ります。
I'll **take the minutes** at today's meeting.

❹ ご協力のほど、よろしくお願いします〈これからやってもらうことに〉。
I'd appreciate your cooperation.

 **応用講座** 🔊 16

「先に断る」ことで誤解を避ける

今回のビジネスシーンでは、矢野氏が英語が不得手であることを最初に断っていますね。このように「先に断る」ことで、誤解が生じたり、無礼に思われるのを避けるのも1つの立派な戦略です。次ページに例を挙げるので、使いたいものを選んで声に出しましょう。

本番まであと4時間!!

> 語学力に関して

1. **英語を流暢には話せませんが、ベストを尽くすのでご協力のほどよろしくお願いします。**
   I can't speak English fluently, but I'll do my best. I'd appreciate your cooperation.

> 中座することに関して

2. **3時半ごろに中座しなければなりません。**
   I'll have to leave around half past 3.

3. **会議の途中で抜けなければならないかもしれません。**
   I may have to drop out in the middle of the meeting.

> 日本人同士、日本語で相談することに関して（事前に許可を得ないと大変失礼です）

4. **この件を日本語で話し合ってもよろしいですか？**
   May we discuss this in Japanese?

5. **すみませんが、「能率的にする」の適切な英語が思いつかないのです。田中氏に相談しても構いませんか？**
   I'm sorry, but I can't think of an appropriate expression for "*nouritsutekini-suru*" in English. Would you mind if I consult with Mr. Tanaka?

5.で **Not at all.**（いいですよ）と言われたら、相談しましょう。ここでも**マスターすべき表現**の復習ができましたね！

3. 役割分担 → 4. 議題の確認 → 5. 意見を述べる → Check

発展フレーズ 🎧 17

最後に、**マスターすべき表現❷**に登場したWould you mind -ing?を使った発展フレーズを声に出して練習します。頭ではわかっていても、とっさにちゃんと答えられないのがこの表現。繰り返し練習しましょう。

日本語 → ポーズ → 英語 の順番に音声が流れるので、最初は英文を見ながら、慣れたら目を離してポーズの部分で英語を言います。

❶ **草案をチェックしてくださいませんか？**
Would you mind checking the draft?

❷ **いいですよ。**
Not at all.

❸ **ミーティングのためにテーブルを並べるのを手伝ってくれませんか？**
Would you mind helping me arrange the tables for the meeting?

❹ **申し訳ないですが、できません。配布物を準備しなければならないのです。**
I'm sorry, but I can't. I have to prepare the handouts.

 リハーサル 🎧 14

最後に、ビジネスシーンの [Speak] のトラックを使って、**テキストを見ずに発言できるか**確認しましょう。

本番まであと 4 時間 !!

Unit 4　議題の確認　　20分

ここから20分の目標

次のフレーズを英語ですらすら言えるようになりましょう。

- ▶「始めましょうか？」
- ▶「各項目にかける時間は20分に収める必要があります」
- ▶「議題の最初の項目は、新製品『センチュリー』の市場調査です」
- ▶「日本での『センチュリー』の調査結果について、10分間説明させてください」

20分で学習するペースに慣れてきましたか？　自分が使わないと思う表現は、少し省エネモードで学習しても構いませんよ。その分、「絶対に話せるようになりたい」と思う表現を繰り返し口に出しましょう。

2つ目のシーンでは、議長がミーティングを始めるに当たり、いくつかの事項を出席者に確認した上で最初の発表者を紹介します。議題が複数あるミーティングでは、こうした確認は必ず行われるので頭に入れましょう。

あと5　会議前
あと4　会議冒頭　意見
あと3　質疑応答　賛成・反対
あと2　議論　検討
あと1　会議終盤　フレーズ集

3. 役割分担　→　4. 議題の確認　→　5. 意見を述べる　→　Check

ビジネスシーン 社内　「議事項目は3つあります」

音声を再生し、このシーンで行われている会話を聞きましょう。　🔘 18

議長：　❶ **Shall we get started?** Today, I'll be chairing the meeting. I believe you've already received the agenda. There are three items on the agenda. ❷ We'll have to **keep** each item **to** 20 minutes. ❸ The first **item** on the **agenda** is the market survey on our new product, the Century. Ms. Tanaka, would you give us a presentation on that?

田中：　Yes. ❹ **Let me** explain the survey results for the Century in Japan for 10 minutes.

議長：始めましょうか？　本日は私が議長を務めます。皆さんはすでに議題を受け取っているはずですね。議事項目は3つあります。各項目にかける時間は20分に収める必要があります。議題の最初の項目は、新製品「センチュリー」の市場調査です。田中さん、それに関して発表していただけますか？
田中：はい。日本での「センチュリー」の調査結果について、10分間説明させてください。

今回のマスターすべき表現は、❹以外は議長の言葉です。会議を主催する予定がない人は、マスターまで行かなくても問題ありません。ただし、ほかの場面でも使い回しが効く表現なので、必ず一度は声に出してリピートしてみましょう。

本番まであと4時間 !!

❶ 始める場合は Shall we get started?
中学英語では Let's 〜. と Shall we 〜? は同じ意味であると学びましたが、Let's 〜. は断定表現、Shall we 〜? は相手の意向も尊重した表現です。こういう場面では Let's get started.（始めましょう）という表現もよく使われます。

❷ 会議の必須表現 keep to 〜
keep to the time limit（制限時間を守る）、keep to the topic（トピックからそれない）など自動詞の形で、会議で必要なフレーズによく使われます。このシーンに登場する We'll have to keep each item to 〜 [時間]. も覚えましょう。

❸ item は「議題」、agenda は「議題一覧・スケジュール」
The first item on the agenda is 〜. は、「議題の最初の項目」を意味しますが、item の代わりに topic も使えます。item は「商品」の意味でもよく使われるので、文脈に注意しましょう。

❹ Let me 〜 は許可を求める万能表現
ビジネスの場で「私に〜させてください」と許可を求める場合、Let me 〜. は最もよく使われる表現の1つです。〜の部分に ask（尋ねる）、think（考える）、show（見せる）などを入れますが、一番使われるのは Let me know.（私に知らせてください）でしょう。

Repeat ❶〜❹のマスターすべき表現を、ポーズの部分でリピートしましょう。　◉ 19

Speak ビジネスシーンの会話のうち、マスターすべき表現のみが日本語で読まれます。英語にしてみましょう。　◉ 20

3. 役割分担 → 4. 議題の確認 → 5. 意見を述べる → Check

表現を使い回そう！ 🔴21

マスターすべき表現を使い回して言えるフレーズを紹介します。
日本語 → ポーズ → 英語 の順番に音声が流れるので、最初は英文を見ながら、慣れたら目を離してポーズの部分で英語を言いましょう。

❶ それでは次の議事項目に移りましょうか？
Shall we move on to the next item on the agenda?

❷ 私たちはスケジュールを守らなければならないでしょう。
We will have to **keep to** the schedule.

❸ 議題の2つ目の項目は、来年の予算案です。
The second **item** on the **agenda** is next year's budget.

❹ 調査結果について5分間話をさせてください。
Let me talk for 5 minutes about the survey results.

応用講座 🔴22

プレゼンに使われるフレーズ

ビジネスシーンの最後に登場した田中氏が、アンケート結果をプレゼンするのに使うと思われるフレーズを集めました。どれも典型的なフレーズなので、発表する予定がある人はもちろん、予定がない人も声に出して繰り返してみましょう。

本番まであと4時間!!

1. **配布資料を回していただけますか？**
   Could you pass the handouts around?

2. **照明を落としてください。**
   Please dim the lights.

3. **3ページのチャートをご覧ください。3ページです（（注）ページを復唱することが大切です）。**
   Please take a look at the chart on Page 3. Page 3.

4. **市場の顧客の意見を調査しました。**
   We've researched the views of consumers in the market.

5. **この円グラフはアンケートの回答結果を示しています。**
   This pie chart shows the results of the questionnaire.

6. **この結果から、わが社の新製品は30代に人気があることがわかります。**
   This result shows that our new product is popular with people in their 30s.

---

3. 役割分担 ➡ 4. 議題の確認 ➡ 5. 意見を述べる ➡ Check

発展フレーズ　🔴23

最後に、**マスターすべき表現❹**に登場した **Let me explain** を使った発展フレーズを声に出して練習します。

日本語 → ポーズ → 英語 の順番に音声が流れるので、最初は英文を見ながら、慣れたら目を離してポーズの部分で英語を言いましょう。

❶ 手短に説明させていただきます。
Let me explain briefly.

❷ 十分なデータを集める方法を説明させていただきます。
Let me explain how we gather enough data.

❸ どのように調査をしたのか説明させていただきます。
Let me explain how we conducted the survey.

❹ これをどう分析したのかを説明させていただきます。
Let me explain how we analyzed this.

リハーサル　🔴20

最後に、ビジネスシーンの Speak のトラックを使って、**テキストを見ずに発言できるか**確認しましょう。

本番まであと4時間!!

Unit 5 意見を述べる　　20分

ここから20分の目標

次のフレーズを英語ですらすら言えるようになりましょう。

- 「いつ新製品『センチュリー』を発売すべきか、皆さんのご意見をお聞かせください」
- 「クリスマスシーズンが最適だと思います」
- 「私は10月のほうが良いように思います。競合他社が同じタイプの新製品を次々に発売しますから」
- 「まだ考えがまとまりません」

「本番まであと4時間!!」の最後のユニットでは、意見に関する表現を取り上げます。①意見の求め方、②意見の述べ方、③考慮中で意見がまとまっていない場合の表現方法を学びましょう。

英語圏の人たちは、意見を先に述べてから理由や例を挙げます。また、沈黙は好まれないので、意見がまとまっていない場合でも、沈黙を埋めるフレーズ、Let me see.（そうですね）などを口に出すことをお勧めします。

ビジネスシーン 社内 「意見を聞かせてください」

音声を再生し、このシーンで行われている会話を聞きましょう。　　　🔴 **24**

議長:　❶ **I'd like to hear everyone's opinions on** when to launch our new product, the Century.

谷:　❷ **I think** the Christmas season is the best time.

ハーディ:　❸ **I would say** October is better, because our competitors keep launching new products of the same type.

議長:　I haven't heard your opinion yet, Mr. Kita.

喜田:　Let me see. ❹ **I haven't formed an opinion yet.** Please give me some time.

議長:　いつ新製品「センチュリー」を発売すべきか、皆さんのご意見をお聞かせください。
谷:　クリスマスシーズンが最適だと思います。
ハーディ:私は10月のほうが良いように思います。競合他社が同じタイプの新製品を次々に発売しますから。
議長:　喜田さん、まだご意見を聞いていませんが。
喜田:　そうですね。まだ考えがまとまりません。もう少し時間をください。

今回の**マスターすべき表現**は、会議の中で必ず耳にする、または使うことになるものばかり。考えないでもスルッと口から出るようになるまで、繰り返しリピートしましょう。

本番まであと4時間!!

❶ I'd like to hear everyone's opinions on ～で意見を求める

出席者に発言を促す一般的な表現です。なかなか意見を言わない人に対しては、Ms. Tanaka, I'm interested in your opinion.(田中さん、あなたのご意見に興味があるのですが)を付け加えると、相手も発言しやすくなります。

❷ I think＋主語＋動詞は、意見を述べる基礎表現

最も使いやすい表現ですが、発音に注意！ thinkのthの音を、前歯を舌先に乗せてはっきり発音しないと、I sink.(私は沈みます)になってしまいます。

❸ 控えめに言いたければI would say＋主語＋動詞

上司に意見を述べる場合や、少し言いにくいことを伝えるときに重宝する「控えめ」表現です。

❹ I haven't formed an opinion yetのyetは大切

このyetを入れることで、「まだ考えはまとまっていないが、これからまとまる」というニュアンスを伝えられます。さらにPlease give me some time.と付け加えているのも好ましいですね。日本人はI have no idea.を使いがちですが、これは「さっぱりわかりません」という意味のとても失礼な表現になってしまいます。また、意見を保留しているだけでは、決断力のない人間に見えてしまうので注意しましょう。

Repeat ❶～❹の**マスターすべき表現**を、ポーズの部分でリピートしましょう。 ◉ **25**

Speak ビジネスシーンの会話のうち、**マスターすべき表現**のみが日本語で読まれます。英語にしてみましょう。 ◉ **26**

3. 役割分担 → 4. 議題の確認 → 5. 意見を述べる → Check

表現を使い回そう! 🔴27

マスターすべき表現を使い回して言えるフレーズを紹介します。
日本語 → ポーズ → 英語 の順番に音声が流れるので、最初は英文を見ながら、慣れたら目を離してポーズの部分で英語を言いましょう。

❶ **野坂さん、販売戦略についてのあなたのご意見をお聞かせください。**
Mr. Nosaka, **I'd like to hear** your **opinion on** our sales strategy.

❷ **競合他社の先を行くことが大切だと思います。**
I think it is important to stay ahead of our competitors.

❸ **宣伝の方法を変えれば売り上げが伸びるように思います。**
I would say changing the advertising method will increase sales.

❹ **これはとても重要なので、まだ意見を決めかねています。**
I haven't formed an opinion yet, because this is very important.

本番まであと4時間!!

応用講座　　　　　　　　　　　　　●28

テレビ会議シーンを体験

本書では、参加者が同じ場に集まって行うミーティングを取り上げていますが、英語でのミーティングは**テレビ会議**（teleconference）が多いという会社もあるでしょう。

そこで、今回は Unit 3 から 5 の復習も兼ねて、テレビ会議の冒頭部分の議長の発言を聞き、空所を埋めてみましょう（解答は p. 50）。

Hello. I'm Judith Nakata, manager of Fuji Travel Agency.
I'll ❶(　　　　　　　　　　　　) in today's meeting.
Mr. David Rodez from the Japan Hotel will
❷(　　　　　　　　　　) and Ms. Sayaka Imagawa from
the Sakura restaurant will ❸(　　　　　　　　). Thank you
very much for participating in this teleconference.
I understand the ❹(　　　　　　　　) this meeting has
caused you due to the time difference.
I believe ❺(　　　　　　　　　　　　　　　　　　).
Today, there are three ❻(　　　　　) on the agenda.
We'll have to ❼(　　　　　) each item to 20 minutes.
The first item on the agenda is ❽(　　　　　　　　　).
❾(　　　　　　　　　　　　　　　　　　　　) this.

3. 役割分担　→　4. 議題の確認　→　5. 意見を述べる　→　Check

こんにちは。富士旅行社マネジャーのジュディス中田です。本日のミーティングでは私が議長を務めます。ジャパンホテルのデービッド・ロデズ氏が議事録を取り、レストラン「桜」の今川さやか氏がタイムキーパーを務めてくださいます。テレビ会議へのご参加ありがとうございます。時差のため、ご不便をおかけしているのは承知しております。皆さんはすでにメールで今日の議題を受け取っているはずですね。本日の議事項目は3つあります。各項目にかける時間は20分に収める必要があります。議題の最初の項目は、事業の促進方法です。これについて皆さんのご意見をお聞かせください。

テレビ会議は特に時間厳守なので、前ページの下線部の文が大切になります。また、日本人同士で相談したいときは、Unit 3で学んだように **May we discuss this in Japanese?**(この件を日本語で話し合ってもよろしいですか?)と許可を取り、できればミュートにせずに相談しましょう。相談後、**Thank you for waiting. We've decided that 〜.**(お待たせしました。〜のように決めました)と結果を知らせると、誤解が生じません。

解答 ❶ take the role of chairperson ❷ be taking the minutes ❸ be the timekeeper ❹ inconvenience ❺ you've already received today's agenda by email ❻ items ❼ keep ❽ how to promote our business ❾ I'd like to hear everyone's opinions on

本番まであと4時間!!

発展フレーズ 🔴29

最後に、**マスターすべき表現❶**に登場した **launch** を使った発展フレーズを声に出して練習します。日本語の後のポーズで英語を言いましょう。

❶ 新製品を発売するのに最適な時期はいつですか？
When is the best time to **launch** our new product?

❷ 私たちは発売日を慎重に選ばなければなりません。
We should choose the **launch date** carefully.

❸ 関連商品を売り出すべきです。
We should **launch** related products.

❹ 製品の発売を先延ばしにするべきです。
We should delay the **product launch**.

❺ 私は製品発売イベントの責任者です。
I'm responsible for the **product launch event**.

リハーサル 🔴26

最後に、**テキストを見ずに発言できるか**確認しましょう。

---

3. 役割分担 → 4. 議題の確認 → 5. 意見を述べる → Check

到達度チェックリスト

本番4時間前の学習は少しハードだったかもしれませんね。以下のフレーズが英語で言えるようになったか、確認しましょう。

Unit 3　役割分担

- □「このミーティングの目的は、製品の改善方法を話し合うことです」
- □「議事録を取ってもらってもいいですか?」
- □「了解しました」
- □「ご辛抱のほど、よろしくお願いします」

Unit 4　議題の確認

- □「始めましょうか?」
- □「各項目にかける時間は20分に収める必要があります」
- □「議題の最初の項目は、新製品『センチュリー』の市場調査です」
- □「日本での『センチュリー』の調査結果について、10分間説明させてください」

Unit 5　意見を述べる

- □「いつ新製品『センチュリー』を発売すべきか、皆さんのご意見をお聞かせください」
- □「クリスマスシーズンが最適だと思います」
- □「私は10月のほうが良いように思います。競合他社が同じタイプの新製品を次々に発売しますから」
- □「まだ考えがまとまりません」

以上で本番4時間前の学習は終了です。本番3時間前にはさらに実用的な表現が登場しますよ!

本番まであと3時間!!

議題の確認や説明、意見の表明が終わったところで、ミーティングの肝であるディスカッションが始まります。日本人的な遠慮は禁物。自分の考えをはっきり伝えるための表現をマスターしましょう。

ここから1時間の学習

【Unit 6】賛成・反対する 20分 → 【Unit 7】詳細を尋ねる 20分 → 【Unit 8】質問に答える 20分 → 到達度チェック

【賛成・反対はミーティング中に伝える】

日本では、ミーティングに出席してもまったく発言しない人がときどきいますが、英語圏では立場を明確にせずに黙っているのはタブー。**特に異論がある場合は、その場でしっかりと表明**しなければなりません。

また、日本人は反対意見を、その場ではなく、場所を改めて伝えようとする傾向があります。これを英語圏で実行すると、あなたは裏表のある人間だと誤解され、信頼を失ってしまうでしょう。信頼関係があってこそ、ビジネスは成り立ちます。反対意見は必ずミーティングの場で述べましょう。

Unit 6 賛成・反対する　20分

ここから20分の目標

次のフレーズを英語ですらすら言えるようになりましょう。

- 「私は競合他社より価格設定を高くすることに賛成です」
- 「私もそれに大賛成です」
- 「残念ながらあなたの考えには賛成しかねます」
- 「私はスミスさんと同じ考えです」

最初のシーンは、新製品の価格設定についての社内会議です。日本人は起承転結の形で話をすることが多いですが、Unit 5でも学んだように、英語圏では**結論から述べます**。したがってミーティングでは、**① 賛成か反対か述べる→② 理由→③ 例を挙げる**という順番で話すように心掛けましょう。

また、日本人はWhy 〜?と質問されると、回答に時間がかかってしまう傾向があります。賛成・反対を述べる中で、**Why 〜?と質問されたときに簡潔に答える**ためのフレーズも、併せて学びましょう。

本番まであと 3 時間 !!

ビジネスシーン 社内 「その意見に賛成です」

音声を再生し、このシーンで行われている会話を聞きましょう。 🔘 30

井出: ❶**I'm for the idea of** setting the price higher than that of our competitors. I think we should let the customers know that the Century is superior to our competitors' products.

キム: ❷**I couldn't agree more with** that. It took years of research and development to design the Century. We should emphasize the quality of the Century by setting the price higher.

スミス: Mr. Ide, ❸**I'm afraid I can't agree with** your idea. In order to make the Century a hit product, we shouldn't set the price higher than that of our competitors.

中原: ❹**I have the same opinion as** Ms. Smith.

井出: 私は競合他社より価格設定を高くすることに賛成です。顧客に「センチュリー」が競合商品より優れていることを知らせるべきだと思います。

キム: 私もそれに大賛成です。「センチュリー」の企画には長年の研究開発を要しました。価格設定を高くして「センチュリー」の品質の良さを強調すべきです。

---

6. 賛成・反対する → 7. 詳細を尋ねる → 8. 質問に答える → Check

スミス：井出さん、残念ながらあなたの考えには賛成しかねます。「センチュリー」をヒット商品にするには、価格設定を競合他社より高くすべきではありません。
中原：　私はスミスさんと同じ考えです。

賛成と反対の表現が両方とも登場していますね。それでは解説しましょう。

❶ I'm for the idea of 〜は「〜という考えに賛成です」

対になる表現は、I'm against the idea of 〜（〜という考えに反対です）です。the idea ofを抜いてbe for + 人、be against + 人と言うと、「考え」ではなく「人」に賛成したり反対（味方／敵対）していることになるので、ビジネスの場では使わないようにしましょう。

❷ 英語的な表現、I couldn't agree more with 〜

「大反対です」という意味に取らないよう注意！「これ以上賛成はできないだろう」＝「大賛成です」を意味します。同じcouldn'tの用法にI couldn't be happier.（最高に幸せです）やCouldn't be better.（絶好調です）などがあります。

❸ I'm afraid I can't agree with 〜は遠慮がちな反対

相手に対し「同意したいが同意できない」気持ちが伝わる表現です。I disagree with your idea.は「反対です」という強い意味を持つので、上司や目上の人には使わないほうが良いでしょう。

❹ 同意のI have the same opinion as 〜

〜に人物名を入れて、「〜と同じ意見です」と述べるのに使います。

	Repeat	❶〜❹のマスターすべき表現を、ポーズの部分でリピートしましょう。	◉ 31
	Speak	ビジネスシーンの会話のうち、マスターすべき表現のみが日本語で読まれます。英語にしてみましょう。	◉ 32

表現を使い回そう！ 🔴33

マスターすべき表現を使い回して言えるフレーズを紹介します。日本語の後のポーズで英語を言いましょう。

❶ **私は大量生産に賛成です。**
I'm for the idea of mass production.

❷ **あなたの意見に大賛成です。**
I couldn't agree more with your idea.

❸ **残念ながら価格設定を低くすることには賛成しかねます。利益が非常に小さいからです。**
I'm afraid I can't agree with lowering the prices, because our profits are so small.

❹ **お客様は神様なので、私はあなたと同じ考えです。**
I have the same opinion as you, because the customer is always right.

応用講座 ●34

理由を簡潔に説明する表現

ビジネスシーンのような議論の最中、Why ～?と理由を尋ねられたら、以下のような簡潔な表現で答えましょう。

Q1. Why are the prices of your products higher than your competitors'?
(なぜ、御社の製品の価格は競合製品より高いのですか?)

A1. Our products are **far superior to** our competitors'.
(弊社の製品は競合製品よりはるかに優れています)

A2. Our products are **more durable than** our competitors'.
(弊社の製品は競合製品よりも耐久性があります)

Q2. Why are the prices of your products lower than your competitors'?
(なぜ、御社の製品の価格は競合製品より低いのですか?)

A1. We can **purchase materials directly and cheaply**.
(原材料を直接安く仕入れることができます)

A2. We **mass-produce** our products **at low cost**.
(製品を低いコストで大量生産しています)

A3. We set the prices lower **to please our customers**.
(お客様に喜んでいただくため、価格を低く設定しています)

本番まであと3時間!!

発展フレーズ 🔴 35

最後に、**マスターすべき表現❶**に登場したcompetitorsを使った発展フレーズを声に出して練習します。日本語の後のポーズで英語を言いましょう。

❶ 競合他社製品の研究をするべきです。
We should conduct research on our **competitors'** products.

❷ 競合他社はより成功するために価格を下げています。
Our **competitors** are lowering their prices to win more business.

❸ 競合他社に勝つためには効果的な販促キャンペーンを展開しなければなりません。
We should run effective promotional campaigns in order to beat our **competitors**.

❹ 競合他社に勝つためには製品の質を強調しなければなりません。
We should emphasize the quality of our products in order to beat our **competitors**.

リハーサル 🔴 32

最後に、**テキストを見ずに発言できるか**確認しましょう。

| 6. 賛成・反対する | → | 7. 詳細を尋ねる | → | 8. 質問に答える | → | Check |

Unit 7 詳細を尋ねる　20分

ここから20分の目標

次のフレーズを英語ですらすら言えるようになりましょう。

- ▶「新製品『センチュリー』に関して何かご質問がありますか？」
- ▶「もっと詳しく説明してくださいませんか？」
- ▶「この製品のもっと詳しい仕様書はありますか？」

ミーティングでの議長の役割の1つに、**出席者が発言しやすい環境を作る**ことがあります。議論を意味があるものにするため、発言を促すことが大切です。

一方、出席者には、**わからないことをその場で質問し、解決する**ことが求められます。自分の意見を決めるために必要な情報は、後から別途もらうのではなく、その場で求めましょう。

意見を言わないのと同様に
よくわからないから黙っているという態度も
英語のミーティングでは禁物です

本番まであと3時間!!

ビジネスシーン 社外 「詳細を知りたいです」

音声を再生し、このシーンで行われている会話を聞きましょう。 ●36

議長: ❶ **Do you have any questions about** our new product, the Century?

顧客: I'd like to know about your promotion policy. ❷ **Could you explain** that **in more detail?**

営業: Sure. Would you please look at these data?

〜説明後〜

顧客: ❸ **Do you have more detailed** specifications **for** this product?

議長：新製品「センチュリー」に関して何かご質問がありますか？
顧客：御社の販売促進方法について知りたいのですが。もっと詳しく説明してくださいませんか？
営業：承知しました。こちらのデータをご覧いただけますか？
〜説明後〜
顧客：この製品のもっと詳しい仕様書はありますか？

今回の**マスターすべき表現**は全部で3つ。質問を促す、発言を促す、詳細を尋ねるシンプルな表現を覚えましょう。

6. 賛成・反対する → 7. 詳細を尋ねる → 8. 質問に答える → Check

061

❶ **Do you have any questions about ～?は質問を促す基本表現**

～の部分の名詞を入れ替えれば、自由自在に使えます。単に **Do you have any questions?**(何かご質問がありますか)と尋ねるよりも、具体的な名詞を入れたほうが的を射た質問を引き出せます。例えば～に the schedule を入れれば、「スケジュールに関して何かご質問がありますか?」です。背伸びしてムズカシイ英語を使う必要はありません。目上の人にも部下にも使える表現なので、穏やかな口調で問い掛ければうまく質問を引き出せるでしょう。

❷ **Could you explain ～ in more detail?で詳細を尋ねる**

こちらも～の部分の名詞を入れ替えれば自由に使えます。Could you ～?は丁寧な表現の基礎です。17ページを見て、もう一度復習しましょう。

❸ **具体的で詳細な資料の提示を求める表現**

具体的に欲しい資料などがある場合は、**Do you have more detailed ～ (for/about/on ...)** の～の部分に名詞を入れて、要求することができます。❶と同様に、ここでも中学英語の Do you have ～?を使います。

	Repeat	❶～❸のマスターすべき表現を、ポーズの部分でリピートしましょう。	● **37**
	Speak	ビジネスシーンの会話のうち、マスターすべき表現のみが日本語で読まれます。英語にしてみましょう。	● **38**

本番まであと3時間!!

表現を使い回そう！　●39

マスターすべき表現を使い回して言えるフレーズを紹介します。日本語の後のポーズで英語を言いましょう。

❶ 契約条件について何かご質問がありますか？
Do you have any questions about the contract terms?

❷ スケジュールについてもっと詳しく説明してくださいませんか？
Could you explain the schedule **in more detail?**

❸ このプロジェクトについてもっと詳しい情報はありますか？
Do you have more detailed information **on** this project?

応用講座　●40

質問のバリエーション

あなたが営業担当者の場合、説得力のある資料の用意が大切です。顧客に対し、それを基に As it says in our survey（弊社の調査にありますように）、As you can see from this graph on Page 3（3ページのこのグラフでご覧いただけるとおり）などと切り出して説明すれば、英語に自信がなくても乗り切ることができます。

一方あなたが顧客の場合、提示された資料に疑問があれば、質問する必要があります。例えば統計調査の内容や日程など、5W1Hに関して積極的に尋ねましょう。

6. 賛成・反対する → 7. 詳細を尋ねる → 8. 質問に答える → Check

1. **何名が調査に答えましたか？**（統計調査の回答者数）
   How many people responded to the survey?

2. **どのような調査を行いましたか？**（調査方法）
   How did you conduct the survey?
   ＊HowをWhen/Whereなどに入れ替えると、「いつ／どこで」を尋ねる際にも使える

3. **いつ見本品は完成しますか？**（見本品の完成日）
   When will the sample products be completed?

4. **新製品のプレスリリースはいつ始められるのですか？**（プレスリリースの開始日）
   When will you start press releases about your new products?

5. **新製品の店舗での販売開始はいつでしょうか？**（発売日）
   When will the new products be launched in the stores?

5W1Hの質問は完成した文にしなくても、"How?"（どのように？）、"When?"（いつですか？）のようにポイントを押さえれば伝わることが多いので、気楽に口にしましょう。

本番まであと3時間!!

発展フレーズ　🔴41

最後に、**マスターすべき表現❸**に登場した**more detailed＋名詞**と、Unit 1で学んだ**would like to**を使った発展フレーズを声に出して練習しましょう。

❶ それに関するもっと詳細なデータが欲しいです。
We'**d like to** have **more detailed** data on that.

❷ もっと詳細なスケジュールを知りたいです。
We'**d like to** have a **more detailed** schedule.

❸ このプロジェクトに関するもっと詳細な情報を入手したいです。
We'**d like to** get **more detailed** information on this project.

❹ もっと詳細な仕様書が欲しいです。
We'**d like to** have **more detailed** specifications.

リハーサル　🔴38

最後に、**テキストを見ずに発言できるか**確認しましょう。

6. 賛成・反対する ➡ 7. 詳細を尋ねる ➡ 8. 質問に答える ➡ Check

Unit 8 質問に答える　　20分

ここから20分の目標

次のフレーズを英語ですらすら言えるようになりましょう。

▶「すみませんが、詳細ははっきりとはわかりません」
▶「お調べして、明日の正午までにこちらからご連絡いたします」

Unit 7の**詳細を尋ねる**表現と対になる、**質問に答える**表現。ここでは特に、ミーティング中に情報の提供を求められて、その場で答えられない場合の対応を学びます。

私の場合、自分の専門外のことを質問された場合は、**I'm not an expert on that.**(それに関しては専門家でありませんので)という表現をよく使います。もちろんそう断った上で、調べてから連絡する旨を伝えています。エンジニアや会計士など、専門家に問い合わせてから答えたことが何度もありました。この表現はこのユニットでは取り上げていませんが、併せてぜひ覚えておきましょう。

> 私は英語面接で専門知識に関する質問をされたとき、I'm not an expert on that, but let me explain ... と、説明しました。便利な表現です

本番まであと3時間!!

ビジネスシーン 社外 「はっきりとはわかりません」

音声を再生し、このシーンで行われている会話を聞きましょう。 🔴 42

顧客: Could you tell me the market share of your products in the United States?

営業: It's 10 percent. As you can see from this graph on Page 3, sales increased by 30 percent in the United States last year.

顧客: I see. Could you tell me the sales volume for last month for the old model of the Century?

営業: ❶❷ **I'm sorry, but I'm not sure of** the details. ❸❹ **I'll look into it** and **get back to you** by noon tomorrow.

顧客：御社の製品のアメリカでのマーケットシェアを教えてくださいますか？
営業：10パーセントです。3ページのこのグラフでご覧いただけるとおり、アメリカでの売り上げは昨年30パーセント増加しました。
顧客：なるほど。旧タイプの「センチュリー」の先月の販売数を教えていただけますか？
営業：すみませんが、詳細ははっきりとはわかりません。お調べして、明日の正午までにこちらからご連絡いたします。

今回の**マスターすべき表現**は、2つのセンテンスの中に凝縮されています。一石二鳥でお得ですね。

6. 賛成・反対する ➡ 7. 詳細を尋ねる ➡ 8. 質問に答える ➡ Check

❶ I'm sorry, but ～ は I'm afraid ～ との使い分けに注意

～の部分で「申し訳ないと思っていること」を述べます。生徒さんからI'm afraid ～ との違いをよく尋ねられますが、まず、文法的に **I'm afraidの後にbutは不要** です。また、I'm sorryがはっきり謝る気持ちを示すのに対し、I'm afraidは言いにくいことを和らげて伝える働きを持っています。I'm sorry to interrupt you.（お邪魔して申し訳ありません）とは言っても、I'm afraid to interrupt you. とは言いません。

❷ わからないことは I'm not sure of ～ と表現

I don't know ～（～は知りません）は未熟に思われてしまうので不適切。I can't tell you ～（～は申し上げられません）も、「知っているのに教えない」ように聞こえるので使わないようにしましょう。

❸ look into it は「調べてから伝える」の意

高校英語では **look into** = investigateと習いますが、investigateのほうがフォーマルで、書き言葉でよく使われます。また、**すでに知っていることをあらためて調べる** 場合は **check out** を使います。

❹ get back to you は広範囲に使用可

最近は、「電話をかけ直させていただきます」と言うときも、I'll call you back. より I'll get back to you. が使われます。**get back to** は包括的に「**あらためて連絡する**」という意味。使う際は、いつまでに連絡するかという期日も入れましょう。

Repeat ❶～❹の**マスターすべき表現**を、ポーズの部分でリピートしましょう。　🔴 **43**

Speak ビジネスシーンの会話のうち、**マスターすべき表現**のみが日本語で読まれます。英語にしてみましょう。　🔴 **44**

本番まであと3時間!!

表現を使い回そう！

🔘 45

マスターすべき表現を使い回して言えるフレーズを紹介します。最初は英文を見ながら、慣れたら目を離してポーズの部分で英語を言いましょう。

❶ 申し訳ありませんが、担当者は休みをいただいております。
I'm sorry, but the person in charge is absent.

❷ 申し訳ありませんが、今すぐに正確な数字はわかりかねます。
I'm sorry, but I'm not sure of the exact numbers right now.

❸ お調べしてメールいたします。
I'll look into it and email you.

❹ それに関して詳しい情報が入り次第、こちらからご連絡いたします。
I'll get back to you as soon as I get detailed information on that.

応用講座 🔴 46

質問への回答バリエーション

ビジネスシーンに登場しなかった質問への回答パターンを学びましょう。最後の回答は、次の営業チャンスにつなげる内容になっています。

Q1. Would you show me the sales performance statement for last year?
（昨年度の販売実績報告書を見せていただけますか？）

A1. Please look at the data for last year on Page 35.
（35ページの昨年度のデータをご覧ください）

A2. You can see the data on Page 17.
（17ページにデータがございます）

A3. I have the data in my office. I'll send it by email.
（そのデータならオフィスにあります。メールでお送りします）

Q2. When will the latest data be available?
（最新データはいつ手に入りますか？）

A1. The latest data will be completed next Monday.
（最新データは、来週月曜日に完成します）

A2. I'd like to visit your office to show you the new data next week.
（来週、新しいデータをお見せするためにお伺いしたいのですが）

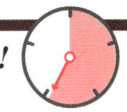

本番まであと3時間!!

発展フレーズ 🔴47

最後に、ビジネスシーンに登場した **market share** を使った発展フレーズを声に出して練習します。日本語の後のポーズで英語を言いましょう。

❶ 御社の製品のヨーロッパでのマーケットシェアを教えてください。
Could you tell me the **market share** of your products in Europe?

❷ ヨーロッパでのマーケットシェアは5パーセントです。
Our **market share** in Europe is 5 percent.

❸ 国内のマーケットシェアを増やさなければなりません。
We should increase our domestic **market share**.

❹ 弊社は先月、日本でのマーケットシェアを30パーセントに伸ばしました。
We increased our **market share** in Japan to 30 percent last month.

リハーサル 🔴44

最後に、**テキストを見ずに発言できるか**確認しましょう。

6. 賛成・反対する → 7. 詳細を尋ねる → 8. 質問に答える → Check

071

到達度チェックリスト

本番3時間前の学習には、実際に会議で使えそうな表現がたくさん登場しました。以下のフレーズが英語で言えるようになったか、確認しましょう。

Unit 6　賛成・反対する

- ☐「私は競合他社より価格設定を高くすることに賛成です」
- ☐「私もそれに大賛成です」
- ☐「残念ながらあなたの考えには賛成しかねます」
- ☐「私はスミスさんと同じ考えです」

Unit 7　詳細を尋ねる

- ☐「新製品『センチュリー』に関して何かご質問がありますか?」
- ☐「もっと詳しく説明してくださいませんか?」
- ☐「この製品のもっと詳しい仕様書はありますか?」

Unit 8　質問に答える

- ☐「すみませんが、詳細ははっきりとはわかりません」
- ☐「お調べして、明日の正午までにこちらからご連絡いたします」

以上で本番3時間前の学習は終了です。あと残り2時間!　29ページと52ページも併せてチェックしましょう。

本番まであと2時間!!

ミーティングも佳境に入りました。この段階では、微妙なニュアンスの意見表明や、議論の脱線を修正する、新たな提案をする、提案を検討するなど、ミーティングならではの表現も必要になってきます。必ず口に出して覚えましょう。

ここから1時間の学習

【Unit 9】部分的に賛成・反対 20分 ▶ 【Unit 10】提案する 20分 ▶ 【Unit 11】検討する 20分 ▶ 到達度チェック

【相手を尊重して議論するためには】

Unit 6では賛成や反対の表現を学びましたが、日本人の場合、真っ向から相手の意見に反対するのには抵抗があると思います。そこで役に立つのが相手の意見をある程度尊重する、部分的に賛成する表現です。

また、反対する場合でも、例えばI see your point, but could we look for another way?(あなたのおっしゃることはわかりますが、別の方法を探してみませんか?)などと提案すれば、共に取り組む姿勢を示した上で、相手に選択肢を与えることができますね。

> あいまいな態度はNGですが、相手を尊重する態度は信頼感を生みます

Unit 9 部分的に賛成・反対
20分

ここから20分の目標

次のフレーズを英語ですらすら言えるようになりましょう。

- ▶「そこでは製品の品質を維持できないと思います」
- ▶「部分的にはあなたのおっしゃっていることに賛成です。ですが私はバングラデシュに進出する案を支持します」
- ▶「あなたのおっしゃっていることはある程度理解できますが、工場を建設して従業員を訓練するには多額の費用が掛かります」

最初のシーンは、バングラデシュに進出するかどうか話し合っている社内ミーティングです。山田氏は最初に否定的な意見を言っています。その後、ブラウン氏も山田氏も、部分的に相手の意見に理解を示してから、互いに反対する理由を述べています。この**理由を述べること**が非常に大切です。

応用講座では、ミーティングで使えるシンプルな「理由を述べる表現」を取り上げているので、こちらも併せて口に出してみましょう。

「お考えはわかりますが」

本番まであと2時間!!

ビジネスシーン 社内

音声を再生し、このシーンで行われている会話を聞きましょう。 ◉ 48

山田: I'm against the idea of building a new factory in Bangladesh, because ❶**I don't think** we can maintain the quality of our products there.

ブラウン: ❷**I partly agree with your point; however, I support the idea of expanding to Bangladesh.** The biggest merit is we can cut costs. We can improve the quality of the products by training local employees.

山田: ❸**I can understand your point to a certain extent, but** building a factory and training employees will cost a large amount of money.

山田: 私はバングラデシュに新工場を設立する考えに反対です。そこでは製品の品質を維持できないと思うからです。

ブラウン: 部分的にはあなたのおっしゃっていることに賛成です。ですが私はバングラデシュに進出する案を支持します。一番のメリットはコストカットできることです。現地の従業員を訓練することで製品の品質を高めることはできます。

山田: あなたのおっしゃっていることはある程度理解できますが、工場を建設して従業員を訓練するには多額の費用が掛かります。

9. 部分的に賛成・反対 → 10. 提案する → 11. 検討する → Check

❶ **I don't think を前に持ってくる表現に慣れよう**

日本語では「できないと思う」と言うところを、英語では I don't think we can（できると思わない）のように、**先に否定**します。例えば「私はこのアイデアが現実的でないと思います」は I don't think this idea is realistic. です。

❷ **I partly agree with your point; however, 〜 は柔らかい表現**

部分的に同意してから、however の後に相手と違う意見を述べます。そうすることで会話がスムーズになります。

❸ **賛成にも反対にも使える便利表現**

I can understand your point to a certain extent. は、賛成する場合にも反対する場合にも前置きとして使える表現です。a certain は「ある程度」、extent は「範囲・程度」を意味します。

Repeat	❶〜❸の**マスターすべき表現**を、ポーズの部分でリピートしましょう。	● **49**
Speak	ビジネスシーンの会話のうち、**マスターすべき表現**のみが日本語で読まれます。英語にしてみましょう。	● **50**

本番まであと2時間!!

表現を使い回そう！　🔴51

マスターすべき表現を使い回して言えるフレーズを紹介します。日本語の後のポーズで英語を言いましょう。

❶ 私は文化の違いを克服するのは簡単でないと思います。
I don't think it's easy to overcome cultural differences.

❷ 部分的にあなたのおっしゃることに賛成しますが、状況は違います。
I partly agree with your point; however, the situation is different.

❸ あなたのおっしゃることをある程度は理解できますが、チャレンジする価値はあります。
I can understand your point to a certain extent, but it's worth trying.

応用講座 ●52

反対理由を簡潔に説明しよう

部分的に賛成する表現を使い、反対の理由を述べてみましょう。

I partly agree with your point; however,

1. there is a shortage of skilled workers.
   (熟練工が不足しています)

2. the quality of the products will get worse.
   (製品の品質が悪化します)

3. the production department cannot meet the deadline.
   (製造部門がその期日に間に合わせられません)

4. there is a language barrier.
   (言葉の障壁があります)

5. there is a currency risk.
   (通貨のリスクがあります)

6. we should value the brand power of "Made in Japan."
   (私たちは「日本製」というブランド力を大切にしなければなりません)

参考 ● 53

では、左ページのように言われたら、どうやって反論すればいいのでしょうか？
生じる問題の解決策を述べればいいですね。以下に解決策の例を挙げるので、
参考にしてみてください。

We must send several Japanese quality managers and production managers there and train local workers to lower the product defect rate and meet the deadlines.
（製品の欠陥率を下げて期日に間に合わせるためには、日本人の品質管理マネジャーと生産マネジャーを何人か派遣して、現地従業員を訓練しなければなりません）

It'll be expensive at first, but it should produce great profits in the future.
（最初は費用がかさみますが、将来的には大きな利益を生み出すはずです）

発展フレーズ　　　　　　　　　　　　　　　　　　●54

最後に、ビジネスシーンに登場した **cut costs** を **by 〜 percent**（〜パーセントの差で）や **by 〜**（〜という手段で）と組み合わせた発展フレーズを声に出して練習します。日本語の後のポーズで英語を言いましょう。

❶ **生産コストを40パーセント削減しなければなりません。**
We must **cut** production **costs by** 40 percent.

❷ **人件費を30パーセント削減しなければなりません。**
We must **cut** labor **costs by** 30 percent.

❸ **海外にアウトソーシングすることでコストカットできます。**
We can **cut costs by** offshore outsourcing.

transportation costs（輸送コスト）、advertising costs（広告宣伝費）なども使えます。

リハーサル　　　　　　　　　　　　　　　　　　●50

最後に、**テキストを見ずに発言できるか**確認しましょう。

Unit 10 提案する　　20分

本番まであと2時間!!

ここから20分の目標

次のフレーズを英語ですらすら言えるようになりましょう。

- ▸「納豆ピザを加えることを提案します」
- ▸「私は豆腐ピザのほうが良いのではないかと思います」
- ▸「すみません、ちょっとわからなくなりました」
- ▸「本題に戻りましょう」

このユニットでは提案表現の基本と、議事の進行を整える表現を学びます。

英語圏の人は、発言者の話にわからない点があると、**相手の話を理解するのは聞き手の責任**だと考えて、割り込んでくることがあります。この文化を知っていると、話に割り込まれてもすんなり受け入れることができるでしょう。

また、あなたも、わからない場合は質問したり、確認する必要があります。失礼にならないように話に割り込むテクニックを身に付けましょう。

> 聞き取れなかったときは、あいまいなままにせず
> Excuse me, but could you speak more slowly?
> (すみませんが、もう少しゆっくり話してもらえますか？)
> とリクエストしましょう

ビジネスシーン 社内 「すみません、わからなくなりました」

音声を再生し、このシーンで行われている会話を聞きましょう。　●55

議長：　What menu items should we add to increase sales?

小野：　❶ **I suggest adding** *natto* pizza, because it's good for your health.

佐藤：　❷ **I feel** tofu pizza **would be a better choice.**

ホワイト：Oh no! I don't like *natto*. It smells bad. I don't like tofu either. We should lower menu prices to attract customers.

小野：　❸ **Excuse me, but I'm a little confused.** We've already decided to add items to the menu instead of lowering the prices, right?

議長：　That's right. Mr. White, ❹ **let's get back to the topic.**

議長：　売り上げを伸ばすため、どんなメニューの項目を加えるべきでしょう？
小野：　納豆ピザを加えることを提案します。健康に良いですから。
佐藤：　私は豆腐ピザのほうが良いのではないかと思います。
ホワイト：え～、嫌ですよ！　私は納豆が好きじゃありません。臭いがひどい。豆腐も好きじゃないです。顧客を引き付けるためにはメニュー価格を下げるべきです。
小野：　すみません、ちょっとわからなくなりました。価格を下げる代わりにメニューに項目を増やすことを、すでに決めましたよね？
議長：　そのとおりです。ホワイトさん、本題に戻りましょう。

本番まであと2時間!!

❶ I suggest ＋ 動名詞は提案表現
一般的な提案の表現です。suggestに続く動詞は必ず動名詞になります。

❷ 別の提案をしながら謙虚に反対
生徒さんからよく、「上司や目上の人に対して反対意見を言う場合に、失礼にならない言い方を教えてください」と質問されます。Unit 5に登場した **I would say ＋ 主語 ＋ 動詞** は控えめな表現でしたね。**I feel ＋ 主語 ＋ would be a better choice** も同様で、I feel 〜を使うことで柔らかい表現になっています。さらにa better choice(より良い選択)と比較級を使うことで、比較対象である相手の選択も決して否定していないことがわかりますね。

❸ Excuse me, butは最も基本的な割り込み表現
そのまま流してしまっては支障がありそうな項目について、穏やかに **Excuse me, but**(すみませんが)と割り込むのが基本的なインタラプト(話に割って入ること)。butの後に割り込んだ理由を続けます。

❹ 話がそれたらLet's get back to the topic
「本題に戻りましょう」と言うときの定番表現です。断定的に聞こえるので、理由を付け加えたほうが親切な場合もあります。

Repeat	❶〜❹の**マスターすべき表現**を、ポーズの部分でリピートしましょう。	◉	**56**
Speak	ビジネスシーンの会話のうち、**マスターすべき表現**のみが日本語で読まれます。英語にしてみましょう。	◉	**57**

9. 部分的に賛成・反対 ➡ 10. 提案する ➡ 11. 検討する ➡ Check

表現を使い回そう！ 🔴58

マスターすべき表現を使い回して言えるフレーズを紹介します。日本語の後のポーズで英語を言いましょう。

❶ ベトナムに日本食レストランをオープンすることを提案します。
I suggest opening a Japanese restaurant in Vietnam.

❷ 私は牛丼を加えたほうが良いと思います。
I feel adding beef bowls **would be a better choice.**

❸ すみません、ちょっとわからなくなりました。ターゲットは日本の消費者だけですか？
Excuse me, but I'm a little confused. You're targeting only Japanese consumers?

❹ 本題に戻りましょう。今、話し合うべきなのはメニューの項目についてです。
Let's get back to the topic. What we have to discuss now is menu items.

応用講座 ●59

【インタラプトのコツ】

誰かの発言に割り込む際、マナー違反にならないインタラプトの表現を学びましょう。**2**のようにあらかじめ短い発言であることを断っておくと、途中で遮られることがありません。また、**3**のようにインタラプトしながら質問するのもいいでしょう。意見を述べてから、What do you think?と発言者に聞く心配りも大切です。

---

1. 割り込んで申し訳ないのですが。（インタラプトの万能表現）
Sorry to interrupt you.

2. 1つだけ質問してもいいですか？（短い発言だと断る）
May I ask just one question?

3. すみませんが、なぜ納入業者を変更するのですか？
（インタラプトと同時に質問）
Excuse me, but why are we changing the supplier?

4. お話の途中ですみませんが、確認させてください。
I'm sorry to interrupt you, but let me confirm that.

発展フレーズ 🔴60

最後に、**マスターすべき表現❷**に登場した **I feel＋主語＋would be ～** を使った発展フレーズを声に出して練習しましょう。

❶ **私はこの場所のほうが良いと思います。**
   I feel this location **would be a better choice**.

❷ **私はこのカーテンのほうが良いと思います。**
   I feel this curtain **would be a better choice**.

❸ **私はこのサイズのほうが適切だと思います。**
   I feel this size **would be more appropriate**.

❹ **私はこのデザインのほうが魅力的だと思います。**
   I feel this design **would be more attractive**.

リハーサル 🔴57

最後に、**テキストを見ずに発言できるか**確認しましょう。

Unit 11 検討する　　20分

ここから20分の目標

次のフレーズを英語ですらすら言えるようになりましょう。

- 「ポイントカード制を導入してはいかがでしょう？」
- 「日本での経験から言って、顧客維持率は高くなるだろうと思います」
- 「お得意様が増えるということですね？」
- 「皆さんの意見を聞いて考えが変わりました」

ミーティング中に参加者から新たな提案があったら、メリット・デメリットの両面から検討する必要があります。提案者に質問して、意図をしっかり確認することも大切です。

そうして検討しているうちに、最初の意見を変えたくなることもあるでしょう。この場合は率直にその旨を伝えます。自分の意見に固執するべきではありません。相手の意見が十分納得できるものなら、flexibly（柔軟性をもって）あなたの考えも変えるべきなのです。こうした意見の変更は、決してネガティブには受け取られません。

ビジネスシーン 社内 「ポイントカード制は有効?」

音声を再生し、このシーンで行われている会話を聞きましょう。 🔘 **61**

田中: ❶ **Why don't we** introduce a point-card system? That way, customers will visit our stores repeatedly.

チェン: People in my country are not accustomed to that kind of system. Making a point-card system would be a waste of money.

ブラウン: They'll soon get used to it. ❷ **Based on my experience** in Japan, I believe the customer retention rate will rise.

木田: ❸ **What you are saying is** that the number of regular customers will increase?

ブラウン: That's right.

〜議論後〜

チェン: ❹ **Having heard your opinions, I've changed my mind.** I'm for the introduction of a point-card system. It may be worth trying.

田中：　　ポイントカード制を導入してはいかがでしょう？　そうすれば顧客が店に繰り返し足を運ぶと思います。
チェン：　わが国の人間はそういう制度に慣れていません。ポイントカード制を作るのは、費用の無駄でしょう。
ブラウン：すぐに慣れるでしょう。日本での経験から言って、顧客維持率は高くなるだろうと思います。
木田：　　お得意様が増えるということですね？
ブラウン：そのとおりです。
〜議論後〜
チェン：　皆さんの意見を聞いて考えが変わりました。ポイントカード制の導入に賛成します。やってみる価値があるかもしれません。

❶ Why don't we 〜？は質問ではない

Why don't we 〜?は「〜しませんか?」と提案する際によく使われる表現です。「なぜ、私たちは〜しないのか?」と意味を取り違えないよう注意しましょう。

❷ 説得力のある Based on my experience, 〜

意見を述べるときにこの表現で根拠を付け加えると、説得力がぐっと増します。

❸ 確認は What you are saying is 〜で

〜には(that＋)主語＋動詞が入ります。相手の発言を自分なりに言い換えて、自分の理解が正しいか確認しましょう。

❹ 意見が変わったらこの表現を

議論の中で意見が変わった場合は、Having heard your opinions, I've changed my mind. が最も使いやすい表現です。この後に「どのように考えが変わったか」と「その理由」を付け加えましょう。

Repeat　❶〜❹のマスターすべき表現を、ポーズの部分でリピートしましょう。　　◎ 62

Speak　ビジネスシーンの会話のうち、マスターすべき表現のみが日本語で読まれます。英語にしてみましょう。　　◎ 63

本番まであと2時間!!

あと5　会議前
あと4　会議冒頭／意見
あと3　質疑応答／賛成・反対
あと2　議論／検討
あと1　会議終盤／フレーズ集

9. 部分的に賛成・反対　➡　10. 提案する　➡　11. 検討する　➡　Check

表現を使い回そう！ 🔴64

マスターすべき表現を使い回して言えるフレーズを紹介します。最初は英文を見ながら、慣れたら目を離してポーズの部分で英語を言いましょう。

❶ チラシを配りませんか？
Why don't we distribute flyers?

❷ 経験から言って、私はこのスケジュールは変更すべきだと思います。
Based on my experience, I think this schedule should be changed.

❸ 顧客はこのポイントカード制を喜ぶということですね？
What you are saying is that customers will be happy with this point-card system?

❹ あなたの意見を聞いて考えが変わりました。あなたの話は筋が通っています。
Having heard your opinion, I've changed my mind. What you say makes sense.

応用講座

🔴 65

【語彙を増やそう（1）】

ビジネスシーンには customer retention rate という用語が登場しました。ポイントカード制について以下にまとめたので、よく読んで関連語彙を増やしましょう。

> ポイントカード制の利点

売る側にとっては customer retention rate（顧客維持率、顧客定着率）を高めることができます。new customer（新規顧客）の獲得には、existing customer（既存顧客）を維持する5倍の費用が掛かると言われているので、既存顧客対策は非常に重要です。
また、顧客の buying behavior（購買行動）を分析できるので、fast-selling item（売れ筋商品）と slow-selling item（あまり売れない商品）を把握して、商品配置のヒントにすることもできます。

> ポイントカード制の欠点

cash discount（現金割引）でないので、顧客側にとって payment（支払い額）が減るわけではありません。売る側にとっては maintenance costs（メンテナンス費用）等が掛かります。メーカー側が bear the costs（費用を負担する）場合もあります。

ポイントカード制よりも、顧客がその場で「得した！」と感じられる sale（特売）を重視する国・地域もあります。国民性や文化の違いが影響しているのでしょう。

発展フレーズ　　　🔴66

最後に、**マスターすべき表現❶**に登場した **Why don't we ～？** を使った発展フレーズを声に出して練習します。日本語の後のポーズで英語を言いましょう。

❶ 会社のロゴを変えませんか？
Why don't we change the company logo?

❷ サンプル製品をお客様に提供しませんか？
Why don't we offer sample products to customers?

❸ 懸賞による販売促進を導入しませんか？
Why don't we introduce prize promotions?

❹ お店の内装を変えてはいかがでしょう？
Why don't we change the store interior?

リハーサル　　　🔴63

最後に、**テキストを見ずに発言できるか**確認しましょう。

本番まであと2時間 !!

到達度チェックリスト

本番2時間前の学習には、さまざまなニュアンスの表現が登場しました。以下のフレーズを、感情を込めて英語で言えるようになったか、確認しましょう。

Unit 9　部分的に賛成・反対

- ☐ 「そこでは製品の品質を維持できないと思います」
- ☐ 「部分的にはあなたのおっしゃっていることに賛成です。ですが私はバングラデシュに進出する案を支持します」
- ☐ 「あなたのおっしゃっていることはある程度理解できますが、工場を建設して従業員を訓練するには多額の費用が掛かります」

Unit 10　提案する

- ☐ 「納豆ピザを加えることを提案します」
- ☐ 「私は豆腐ピザのほうが良いのではないかと思います」
- ☐ 「すみません、ちょっとわからなくなりました」
- ☐ 「本題に戻りましょう」

Unit 11　検討する

- ☐ 「ポイントカード制を導入してはいかがでしょう?」
- ☐ 「日本での経験から言って、顧客維持率は高くなるだろうと思います」
- ☐ 「お得意様が増えるということですね?」
- ☐ 「皆さんの意見を聞いて考えが変わりました」

以上で本番2時間前の学習は終了です。さあ、残すはあと1時間!

9. 部分的に賛成・反対 ➡ 10. 提案する ➡ 11. 検討する ➡ Check

本番まであと1時間!!

ミーティングも最終段階に入りました。ここからは、まとめに入りましょう。結論を導き出し、次回までの課題を明らかにすることで、成果を確認します。

ここから1時間の学習

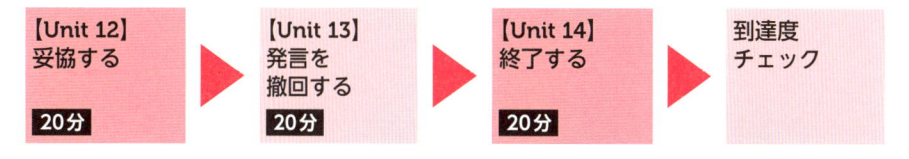

【Unit 12】妥協する 20分 ▶ 【Unit 13】発言を撤回する 20分 ▶ 【Unit 14】終了する 20分 ▶ 到達度チェック

【相手を尊重して議論するためには】

いよいよ5時間目の講座となりました！ 今までの4時間で取り上げたビジネスシーンを振り返ってみましょう。11シーン中、7シーンが社内ミーティング、4シーンが社外の人とのミーティングでしたね。シーンと共に、重要フレーズがハッキリと脳裏に刻み込まれたと思います。

最後の1時間では、**①主張がぶつかり合ったときに妥協策を提案する方法**、**②不用意な発言を撤回する方法**、**③最終的な採決を行い、次の会議までの課題を提示する方法**など、ミーティングの最終局面で必要な表現を取り上げます。

ビジネスシーンはかなり長くなっていますが、これまで同様、**自分に必要だと思われる表現をピックアップしてマスター**してください。

Unit 12 妥協する

20分

ここから20分の目標

次のフレーズを英語ですらすら言えるようになりましょう。

- ▶「宣伝費の30パーセントを負担するのが弊社の方針です」
- ▶「宣伝費の50パーセントを負担していただけるとありがたいのですが」
- ▶「歩み寄ることはできますよ」
- ▶「この件について、そちらも譲歩していただけませんか？」

交渉を目的としたミーティングの終盤では、**双方の妥協点をどこに見出すか**が重要です。英語圏では多くの場合、交渉の場にいる人にかなりの裁量権が与えられています。

これに対して日本では、担当者の裁量権は非常に限定的です。そのため、相手の提案に対し、「会社に持ち帰って上司と相談してから決定をお伝えします」と回答することが多いのです。これは日本のビジネスの特徴の1つと言えるでしょう。

> 今回のビジネスシーンでは、宣伝費を2社でどのように分担するかが問題になっています早速聞いてみましょう

「この条件で妥協しませんか」

音声を再生し、このシーンで行われている会話を聞きましょう。 🔴 **67**

井出: I think it'll take a year or so to establish brand recognition among our customers. We'd like to talk about the advertising costs. What percentage would you pay?

スミス: ❶ **It's our company policy to** pay 30 percent of the advertising costs. The sales agent pays 70 percent.

井出: ❷ **We'd appreciate it if you could** pay 50 percent of the advertising costs.

～議論後～

スミス: I'm afraid we can't accept your request, but ❸ **we can meet you halfway**. ❹ **Could you compromise on** this? How about paying 60 percent? We would pay 40 percent.

井出: I'm sorry, but we can't decide on that right now. I'll talk with my boss and get back to you later.

井出：　ブランドの認知度を顧客の間で確立するには、1年くらいはかかるでしょう。宣伝費のご相談をしたいと思います。何パーセント負担していただけますか？

スミス：　宣伝費の30パーセントを負担するのが弊社の方針です。販売代理店が70パーセントを負担します。

井出：　宣伝費の50パーセントを負担していただけるとありがたいのですが。

〜議論後〜

スミス：　あなたのご要望には応じかねますが、歩み寄ることはできますよ。この件についてそちらも譲歩していただけませんか？　60パーセントの負担では？　弊社は40パーセント負担します。

井出：　すみませんが、その件は今すぐには決められません。上司に相談の上、後ほどご連絡いたします。

少し長いですが、マスターすべき表現はここでも4つ。しっかり覚えましょう。

❶ It's our company policy to 〜でバシッと決める！

交渉の際は、I think や I believe を使った個人的な見解と、会社としての方針をはっきり区別して発言する必要があります。この表現は、後者の代表的なものです。

❷ We'd appreciate it if you could 〜はとても丁寧な依頼表現

感謝の気持ちがこもった依頼表現で、メールでもよく使われます。書き言葉ではWe'dと省略せず、We wouldと書きましょう。

❸ meet someone halfway は「譲歩する」

compromiseよりも口語的。halfwayは「中間の・途中の」を意味します。「人に中間地点で会う」は「譲歩する・妥協する」ことです。

❹ Could you compromise on 〜？で譲歩を求める

〜の部分に譲歩してもらいたい事柄、または問題点などの名詞が続きます。

Repeat	❶〜❹のマスターすべき表現を、ポーズの部分でリピートしましょう。		68
Speak	ビジネスシーンの会話のうち、マスターすべき表現のみが日本語で読まれます。ポーズで英語にしましょう。		69

本番まであと1時間!!

表現を使い回そう！ 🔴70

マスターすべき表現を使い回して言えるフレーズを紹介します。日本語の後のポーズで英語を言いましょう。

❶ 購入品の払い戻しをしないのが弊社の方針です。
It's our company policy not **to** refund your purchase.

❷ 責任を共に負っていただけるとうれしいのですが。
We'd appreciate it if you could share the responsibilities.

❸ 私たちは彼らに妥協することを申し出ました。
We offered to **meet them halfway**.

❹ 価格に関しては譲歩していただけませんか？
Could you compromise on the price?

12. 妥協する ➡ 13. 発言を撤回する ➡ 14. 終了する ➡ Check

応用講座 🔴71

【語彙を増やそう(2)】

ビジネスシーンにはcompromiseという語が登場しました。企業合併や海外へのアウトソーシングなどでは、compromise=com(互いに)+promise(約束する)がとても大切です。以下に妥協・譲歩に関する解説をまとめたので、よく読んで関連語彙を増やしましょう。

企業合併の場合

business merger(企業合併)では、A社とB社がmerge(合併)して、C社が誕生します。A社とB社は当然、corporate culture(企業文化)が異なります。A社はobtaining a certain share of the market(一定のマーケットシェアを獲得すること)を重視し、B社はsecuring a profit margin(利益幅を確保すること)を重視する場合、どうすればいいでしょう?
この場合は、話し合った上で、Making a sales manual is the best solution.(販売マニュアルを作ることが最善の策です)となります。

海外アウトソーシングの場合

offshoring(海外アウトソーシング = offshore outsourcing)でも同じことが言えます。異なった文化ではmeet someone halfway(相手に歩み寄る)ことが大切です。まずcommon problem(共通の問題)を認識して、find a solution(解決策を見つける)ようにします。1つの解決策でなく、alternative solutions(複数の代案)があればベストです。その中から、双方が歩み寄る方法 = compromiseを見出しましょう。

本番まであと1時間!!

発展フレーズ 🎧72

最後に、**マスターすべき表現❷**に登場した**We'd appreciate it if you could ~**を使った発展フレーズを声に出して練習します。日本語の後のポーズで英語を言いましょう。

❶ この件に関してアドバイスをいただければうれしいのですが。
We'd appreciate it if you could give us some advice on this.

❷ この件に関して譲歩していただけるとありがたいのですが。
We'd appreciate it if you could compromise on this.

❸ 販売代理店を紹介していただけるとありがたいのですが。
We'd appreciate it if you could introduce a sales agent to us.

❹ 5月15日までに企画書を完成させてもらえるとありがたいのですが。
We'd appreciate it if you could complete your proposal by May 15.

リハーサル 🎧69

最後に、**テキストを見ずに発言できるか**確認しましょう。

| 12. 妥協する | ➡ | 13. 発言を撤回する | ➡ | 14. 終了する | ➡ | Check | 101 |

Unit 13 発言を撤回する　20分

ここから20分の目標

次のフレーズを英語ですらすら言えるようになりましょう。

- 「脱線していると思いますよ」
- 「すみません、今の発言は取り消します」
- 「言い直させてください」
- 「重要なのは、顧客ニーズを見極めなければならないという点です」

ミーティングの中では、時に失言をしてしまうこともあります。では「**発言を取り消したい**」はどう言うのでしょう？　こんなときに言葉が出てこないと困りますね。また、発言内容を相手に誤解されたときにも、正しい意図を伝える必要があります。今回は、こういった際に役立つ表現を取り上げましょう。

> 「～させてください」をLet me ＋ 動詞の原形より丁寧に言うには？
> このUnitでマスターしましょう

「前言を撤回します」

音声を再生し、このシーンで行われている会話を聞きましょう。 🔘 73

ホワイト: We failed to stock enough summer items this year.

原: It was unbearably hot. The demand for the summer items was high. The hot-selling summer items went out of stock in the middle of July. Even though we ordered more, we couldn't get them.

澤: But we didn't have to dispose of our surplus stock.

ホワイト: Mr. Sawa, ❶ I think **you are off track**.

澤: ❷ **I'm sorry, I take back what I said.** ❸ **Allow me to rephrase that.** The summer products sold very well.

ホワイト: ❹ **The point is** we should identify the customers' needs. Even though we can't forecast the weather, we should try to forecast the customers' needs.

ホワイト：今年は夏物商品を必要数確保することができませんでした。
原　　：酷暑でしたね。夏物商品の需要は高まっていました。人気のある夏物商品は7月半ばには在庫切れになりました。追加注文しても仕入れることはできませんでした。
澤　　：ですが、余剰在庫を処理する必要はありませんでした。
ホワイト：澤さん、脱線していると思いますよ。
澤　　：すみません、今の発言は取り消します。言い直させてください。夏物商品はよく売れました。
ホワイト：重要なのは、顧客ニーズを見極めなければならないという点です。たとえ天気を予想することはできなくとも、顧客ニーズの予測には努めなければなりません。

❶ be off track は「脱線」

trackは「線路・筋道」などを意味します。be off trackは文字どおり「脱線している」を意味します。Unit 10では本題からそれたとき、議長が Let's get back to the topic.(本題に戻りましょう)と言っていましたね。

❷ 発言を取り消すときの決まり文句

I'm sorry, I take back what I said. のtake back 〜は「〜を取り消す」、what I saidは「私が言ったこと」を意味します。

❸ Allow me to 〜は丁寧な依頼

同じ「〜させてください」の意味でも、Let me ＋動詞の原形よりこの表現のほうがフォーマルです。十分に丁寧なので、Pleaseを付ける必要はありません。

❹ 話の要点をまとめる The point is 〜

〜には(that＋)主語＋動詞またはto＋動詞が続きます。

Repeat　❶〜❹のマスターすべき表現を、ポーズの部分でリピートしましょう。　🔴 74

Speak　ビジネスシーンの会話のうち、マスターすべき表現のみが日本語で読まれます。ポーズで英語にしましょう。　🔴 75

本番まであと 1 時間!!

表現を使い回そう！　　　　🔴76

マスターすべき表現を使い回して言えるフレーズを紹介します。日本語の後のポーズで英語を言いましょう。

❶ **すみません、コメントを取り消します。**
 I'm sorry, **I take back** my comment.

❷ **すみません、私の発言は脱線していました。**
 I'm sorry, but my remark **was off track**.

❸ **質問を言い直させてください。**
 Allow me to rephrase the question.

❹ **重要なのは、顧客の需要を知らねばならないという点です。**
 The point is that we should know the customers' demands.

12. 妥協する　➡　13. 発言を撤回する　➡　14. 終了する　➡　Check

応用講座 ●77

【語彙を増やそう(3)】

ビジネスシーンの議論のテーマは、在庫管理でした。ミーティングに頻繁に登場するテーマです。以下に解説をまとめたので、よく読んで関連語彙を増やしましょう。

例えば夏の暑さが予想以上になると、関連商品が sell like hotcakes（飛ぶように売れ）、go out of stock（在庫切れになる）状態が生まれます。気象を forecast（予測する）のは難しいですが、meet seasonal factors（季節要因に合わせる）ことが必要となります。需要増に応じて build up the stock（在庫を積み増す）ことが欠かせないのです。

inventory level（在庫量）に注意を払い、surplus stock（余剰在庫）を抱えないのが inventory control（在庫管理）の基本で、based on customer feedback（顧客の声に基づき）、right quantity（適切な数量）を予想します。

もっとも、消費者にとっては、シーズン終盤に inventory clearance sale（在庫一掃セール）で wholesale cost（卸売原価）を切る値段で商品が購入できるのはうれしい驚きとなります。

発展フレーズ　　●78

最後に、**マスターすべき表現❸**に登場した **Allow me to ~** を使った発展フレーズを声に出して練習しましょう。

❶ この点をもう一度繰り返させてください。
Allow me to go over this point again.

❷ 最後まで話をさせてください。
Allow me to finish speaking.

❸ 誤解のないよう説明させてください。
Allow me to clarify that.

❹ 率直な意見を言わせてください。
Allow me to give you a frank opinion.

リハーサル　　●75

最後に、**テキストを見ずに発言できるか**確認しましょう。

| 12. 妥協する | → | 13. 発言を撤回する | → | 14. 終了する | → | Check |

Unit 14 終了する　　20分

ラスト20分の目標

次のフレーズを英語ですらすら言えるようになりましょう。

- 「4対1で可決されました」
- 「本日のミーティングを要約いたします」
- 「本ミーティングの結論は、新製品『ブレッドメーカー』の市場調査を香港とハノイで実施するということです」
- 「それではミーティングを終了しましょう」

ミーティングの最後には、**決定事項の確認**を行うことが大切です。議論し合ったことに満足して、結論があやふやなまま終わってしまわないよう注意しましょう。自分が議長を務めない場合でも、**ここで確認される内容が決定事項となる**ので、正確に聞き取り、解釈やニュアンスが違っていたらインタラプトしましょう。

ミーティングの結論を受けて、**誰が何をやるかについて確認**することも忘れてはいけません。その内容に沿って、次のミーティングの予定が組まれます。

> いよいよ最後のユニット！
> 声を出しながら取り組みましょう

本番まであと1時間!!

ビジネスシーン 社内 「本日のミーティングの結論は」

音声を再生し、このシーンで行われている会話を聞きましょう。　🔘 **79**

議長: If you are in favor of the proposal, raise your hand ... ❶ **Passed by** four **to** one. ❷ **Let me summarize** today's meeting. ❸ **The conclusion of this meeting is** that we will conduct market research for our new product, the Bread Maker, in Hong Kong and Hanoi. Then we'll decide whether to launch this product with a big promotion in these places. Mr. Noda and Ms. Peterson, when will you be able to complete the market research?

野田: I think we can complete it by October 5.

議長: OK. The next meeting is scheduled for 3 p.m. to 5 p.m. on October 10 in the head office to discuss follow-up actions. OK, ❹ let's **wrap up** the meeting now.

議長：提案に賛成の人は挙手してください……4対1で可決されました。本日のミーティングを要約いたします。本ミーティングの結論は、新製品「ブレッドメーカー」の市場調査を香港とハノイで実施するということです。その後、これらの場所で大規模な販促活動を行ってこの製品を発売するか否かを決めます。野田さん、ピーターソンさん、市場調査はいつ完了しますか？

野田：10月5日までには完了できると思います。

議長：了解しました。次回の会議は本社にて10月10日午後3時から5時まで、その後の活動について話し合う予定です。よろしい、それではミーティングを終了しましょう。

---

12. 妥協する　➡　13. 発言を撤回する　➡　14. 終了する　➡　Check

❶ (be) passed by A to B は「A対Bで可決されました」

この場合のbyは「〜の差で」という意味になります。否決された場合は(be) voted down by A to B(A対Bで否決されました)となります。

❷ まとめるときの Let me summarize 〜

名詞summary(要約)に動詞をつくる接尾辞 –izeが付いて、summarize(要約する)になります。make a summary of 〜はsummarizeよりほんの少しだけカジュアルです。

❸ 結論は The conclusion of this meeting is 〜で

〜の部分には(that＋)主語＋動詞、またはto不定詞が入ります。The conclusion is 〜と簡潔に言うこともできます。

❹ 終会の宣言には wrap up 〜を使う

円満に結論が出て、会議を終了させるときに使う表現です。Let's finish the meeting.も同様に使います。endやstopを使うと、「会議は途中ですが終わりにしましょう」の意味になるので要注意。wrap up 〜(〜をまとめ上げる、〜を仕上げる)は会議だけでなく、物事を完成させる場合にも使います。

Repeat	❶〜❹のマスターすべき表現を、ポーズの部分でリピートしましょう。	80
Speak	ビジネスシーンの会話のうち、マスターすべき表現のみが日本語で読まれます。ポーズで英語にしましょう。	81

本番まであと1時間!!

表現を使い回そう！　　　　　　　　　　　　●82

マスターすべき表現を使い回して言えるフレーズを紹介します。最初は英文を見ながら、慣れたら目を離してポーズの部分で英語を言いましょう。

❶ **ブラジルに進出する提案は6対5で可決されました。**
The proposal to expand to Brazil **was passed by** six **to** five.

❷ **重要な点をまとめさせてください。**
Let me summarize the important points.

❸ **このミーティングの結論は、ベトナムで新製品をテスト販売することです。**
The conclusion of this meeting is that we will test-market our new product in Vietnam.

❹ **プロジェクトを完成させるのに5カ月かかりました。**
It took five months to **wrap up** the project.

12. 妥協する → 13. 発言を撤回する → 14. 終了する → Check

応用講座 🔴83

総復習に代えて

このレッスンの重要点を**要約させてください**（p.109参照）。
Let me summarize the important points of this lesson.

供給と需要の合うところが市場ですね。
The market is the place where supply and demand meet.

重要なのは、顧客ニーズを見極めなければならないという点です（p. 103参照）。
The point is that we should identify the customers' needs.

私はこの本を、**私の経験**とビジネスパーソンたちからのフィードバック**に基づいて**執筆しました（p. 88参照）。
I wrote this book **based on my experience** and feedback from businesspeople.

この本がビジネスパーソンのニーズに合う**と信じています**（p. 40参照）。
I believe this book meets the needs of businesspeople.

ちょっとしたアドバイスを**させてください**（p. 103参照）。
Allow me to give you some advice.

鏡の前で英語の練習をすることを**提案します**（p. 82参照）。
I suggest you should practice your English in front of the mirror.

あなたの声を録音してみてはどうでしょうか？
How about recording your voice?

ビデオに撮るのも良い考えです！
Videotaping yourself is also a good idea!

練習することで完璧にできるようになりますよ！
Practice makes perfect!

夢を実現させるために英語の勉強を続けましょう！ (p. 41参照)
Let's continue to study English in order to realize our dreams!

発展フレーズ 🔴84

最後に、**マスターすべき表現❷**に登場したsummarizeと、とても便利な表現 –conscious（～志向が強い、～に敏感な）を組み合わせた発展フレーズを声に出して練習します。日本語の後のポーズで英語を言いましょう。

❶ **要約すると、お客様は品質に敏感です。**
To summarize, customers are quality-conscious.

❷ **要約すると、十代の若者はファッションに敏感です。**
To summarize, teenagers are fashion-conscious.

❸ **要約すると、ヨーロッパ人はデザインに敏感です。**
To summarize, Europeans are design-conscious.

❹ **要約すると、高齢者は健康志向が強いのです。**
To summarize, senior citizens are health-conscious.

リハーサル 🔴81

最後に、**テキストを見ずに発言できるか**確認しましょう。

本番まであと1時間!!

到達度チェックリスト

本番1時間前の学習には、議長の発言が多く含まれています。自分で言う機会がない表現でも、聞いてすぐ理解できるよう、声に出して復習しましょう。以下のフレーズが英語で言えますか？

Unit 12　妥協する

- □「宣伝費の30パーセントを負担するのが弊社の方針です」
- □「宣伝費の50パーセントを負担していいただけるとありがたいのですが」
- □「歩み寄ることはできますよ」
- □「この件について、そちらも譲歩していただけませんか？」

Unit 13　発言を撤回する

- □「脱線していると思いますよ」
- □「すみません、今の発言は取り消します」
- □「言い直させてください」
- □「重要なのは、顧客ニーズを見極めなければならないという点です」

Unit 14　終了する

- □「4対1で可決されました」
- □「本日のミーティングを要約いたします」
- □「本ミーティングの結論は、新製品『ブレッドメーカー』の市場調査を香港とハノイで実施するということです」
- □「それではミーティングを終了しましょう」

以上ですべての学習が終了です。到達度チェックのページをもう一度最初から見直して、言いたい表現が口からすぐに出るか確認しましょう。

12. 妥協する ➡ 13. 発言を撤回する ➡ 14. 終了する ➡ Check

言いたいことがすぐ探せる！ 場面・機能別フレーズ集

自分が言いやすい表現を見つけて、口に出せるよう繰り返し練習しましょう。
自分専用のシナリオを作っておくのもおススメです。
音声はこちらのURLでダウンロードできます➡ http://www.alc.co.jp/dl/

会議前

○スケジュール調整

1. 会議を申し込む　DL 01

「(契約更新)についてお話しするため、御社に伺いたいのですが」

- I'd like to visit your office to talk about the contract renewal.

「お会いして(新製品)についてお話しできませんでしょうか？」

- Could we get together and talk about the new product?

2. 予定を尋ねる　DL 02

「(来週の水曜日／5月3日か4日)にミーティングの設定は可能でしょうか？」

- Could we arrange a meeting for next Wednesday / on May 3 or 4?

「(来週)は何曜日が空いていますか？」

 ○ **What day will you be available** next week?

「いつならご都合がよろしいですか？」

 ○ **When would be a good time for you?**

「(火曜日)はいかがですか？」

 ○ **How about** Tuesday?

答え方

「あいにくその日はスケジュールが詰まっています」

 ○ **I'm afraid I'm fully booked that day.**

「(2時以降／午後2時から5時／5月11日／金曜午後)なら空いています」

 ○ **I'm available** after 2 o'clock / from 2 to 5 p.m. / on May 11 / on Friday afternoon.

会議前　スケジュール調整

3. 予定を変更する　DL↓03

「大変申し訳ないですが、急用ができたので予定を変更しなければなりません」

- I'm really sorry, but some urgent business has come up, so we're going to have to change the schedule.

「(5月5日)のミーティングは中止になりました」

- The meeting on May 5 has been canceled.

4. 待ち合わせる　DL↓04

「(JR大阪駅の中央口)で(午後2時)に会いましょうか?」

- Shall we meet at the central exit of JR Osaka Station at 2 p.m.?

「(サンライズホテルのロビー)に(10時30分)にお迎えに上がります」

- We'll pick you up at the lobby of the Sunrise Hotel at 10:30.

○あいさつ

1. 最初のひとこと　DL↓05

「(デービッド・ロデズ)です。お会いできてうれしいです」

- My name's David Rodez. Nice to meet you.

答え方

「私もです。(レストラン「桜」)の(今川さやか)と申します」

- Nice to meet you, too. I'm Sayaka Imagawa from the Sakura restaurant.

「お会いできてとてもうれしいです」

- It's a great pleasure to meet you.
- It's an honor to meet you. (重役などに)

「お目にかかるのを楽しみにしておりました」

- I've been looking forward to meeting you.

「名刺をお受け取りください」

- Here's my business card.

会議前　あいさつ／紹介

2. 再会の場合　　DL↓06

「またお会いできてうれしいです」
- Nice to see you again.

「お久しぶりです」
- Long time no see.

「(1年)ぶりですね」
- I haven't seen you for a year.

3. ねぎらう　　DL↓07

「(遠いところをお越し／お会いする時間を取って)いただいてありがとうございます」
- Thank you very much for coming all the way here / taking the time to meet us.

「すぐに時差ボケから回復されますように」
- I hope you recover from your jet lag soon.

○紹介

1. 人を紹介する　　DL↓08

「弊社の優秀な(エンジニア)、(ボブ・ホワイト)をご紹介したいと思います」

会議前　紹介

○ I'd like you to meet Bob White, one of our best engineers.

「上司の（ロバート・ウィリアムズ）を紹介させていただきます」

○ I'd like to introduce you to Mr. Robert Williams, our supervisor.

「こちらが私の同僚で、（販売）担当の（マーク・グリーン）です」

○ This is Mark Green, a sales representative who works with me.

2. 自己紹介する　DL↓09

「〈まず〉自己紹介させていただきたいと思います」

○ First of all, I'd like to introduce myself.

○ Let me introduce myself.

「（経理／営業／このプロジェクト）を担当しております」

○ I'm in charge of accounting/sales/ this project.

「（顧客サービス）部の責任者です」

○ I'm in charge of the customer service department.

→詳しい自己紹介は p. 26 参照

会議冒頭　議事進行の確認

会議冒頭

○議事進行の確認

1. 会議を始める　　DL↓10

「始めましょうか？」

- Shall we get started?

「開始が遅くなって申し訳ありません」

- I apologize for the late start.

2. 議題の確認　　DL↓11

「このミーティングの目的は、(製品の欠陥率を低くする方法を話し合う)ことです」

- The purpose of this meeting is to discuss / talk about how to lower the product defect rate.

「本日の主要な議事項目は、(新製品のシリーズ)です」

- Today's main agenda topic is our new product line.

「〈本日の〉議題は（3つ）あります」
- There are three items on the agenda.
- Let's talk about three topics/items today.

3. 進行の確認　　DL↓12

「各項目にかける時間は（20）分に収める必要があります」
- We'll have to keep each item to 20 minutes.

「その（2）項目を話し合うのに（60）分あります」
- We have 60 minutes to go over the two items.

「私たちはスケジュールを守らなければならないでしょう」
- We will have to keep to the schedule.

「議題の（最初／2番目）の項目は、（来年の予算案）です」
- The first/second item on the agenda is next year's budget.

「それでは次の議事項目に移りましょうか？」
- Shall we move on to the next item on the agenda?

会議冒頭　議事進行の確認

4. 役割の確認　DL↓13

「本日は私が議長を務めます」

- I'll take the role of chairperson today.
- Today, I'll be chairing the meeting.

「(議事録を取って/タイムキーパーになって)もらってもいいですか？」

- Would you mind taking the minutes / being the timekeeper?

> 答え方

「もちろんです」

- Not at all.

「申し訳ないのですができません。(4時)ごろに中座しなければならないのです」

- I'm sorry, but I can't. I'll have to leave around 4.

○発表する

1. 発表者の紹介　DL 14

「(中国)の(上海)支社の(楊氏)を歓迎しましょう」

- Please join me in welcoming Ms. Yang from the Shanghai branch in China.

「その(市場調査)に関して発表していただけますか？」

- Would you give us a presentation on the market research?

2. 発表者のあいさつ　DL 15

「ご紹介ありがとうございます」

- Thank you for introducing me.

「英語を流暢には話せませんが、ベストを尽くします」

- I can't speak English fluently, but I'll do my best.

「(この件に関してご辛抱／ご協力)のほどよろしくお願いします」

- I'd appreciate your patience with this / cooperation.

➡事前の注意事項は p. 37 参照

会議冒頭　発表する

3. 発表内容の説明　DL 16

「(来四半期の営業計画)について(10)分間説明させてください」

- Let me explain our business plan for the next quarter for 10 minutes.

「(調査結果)について(5)分間話をさせてください」

- Let me talk for 5 minutes about the survey results.

「(調査／これの分析／十分なデータを集める)方法について説明させてください」

- Let me explain how we conducted the survey / analyzed this / gather enough data.

4. 発表の準備　DL 17

「配布資料を回していただけますか？」

- Could you pass the handouts around?

「照明を落としてください」

- Please dim the lights.

「こちらのデータをご覧いただけますか？」

- Would you please look at these data?

会議中　意見を述べる

会議中

○意見を述べる

1. 意見を求める　DL 18

「(いつ新製品を発売すべきか／販売戦略)について、(皆さん／あなたのご意見)をお聞かせください」

- I'd like to hear everyone's opinions / your opinion on when to launch our new product / our sales strategy.

「まだあなたのご意見を聞いていませんが」

- I haven't heard your opinion yet.

「座っている順に1人ずつ、それに関するご意見をお聞かせください」

- I'd like to go around the table and hear each person's opinion on that.

「この件に関して何か案はありますか？」

- Do you have any ideas on this?

「どうぞご遠慮なく、率直に意見を述べてください」

- Please don't hesitate to state your opinion frankly.

会議中　意見を述べる

2. 一般的な意見を述べる　DL 19

「(休暇シーズン)が最適だと思います」

- I think the holiday season is the best time.

「(宣伝の方法を変えれば)売り上げが伸びるように思います」

- I would say changing the advertising method will increase sales.

「(関連商品)を売り出すべきです」

- We should launch related products.

「私はこちらの(サイズ／物)のほうがより(ふさわしい／魅力的だ)と思います」

- I feel this size/one would be more appropriate/attractive.

3. 時期について意見を述べる　DL 20

「競合他社の先を行くことが大切だと思います」

- I think it is important to stay ahead of our competitors.

会議中　意見を述べる

「私は(6月)のほうが良いように思います。(競合他社が同じタイプの新サービスを次々に打ち出します)から」

○ I would say June is better, because our competitors keep launching new services of the same type.

「(製品の発売)を先延ばしにするべきです」

○ We should delay the product launch.

4. 価格・経費について意見を述べる　DL↓21

「価格設定を(高く)して(『センチュリー』の品質の良さ)を強調するべきです」

○ We should emphasize the quality of the Century by setting the price higher.

「顧客を引き付けるためには(メニュー価格を下げる)べきです」

○ We should lower menu prices to attract customers.

「(生産／人件)費を(30)パーセント削減しなければなりません」

○ We must cut production/labor costs by 30 percent.

5. 販売戦略について意見を述べる　DL 22

「競合他社に勝つためには（効果的な販促キャンペーンを展開／製品の質を強調）しなければなりません」

- We should run effective promotional campaigns / emphasize the quality of our products in order to beat our competitors.

「顧客に（「センチュリー」が競合商品より優れている）ことを知らせるべきだと思います」

- I think we should let the customers know that the Century is superior to our competitors' products.

「私は（北京）がおそらく（市場調査）に最適な場所だと思います」

- I think Beijing would probably be the best place to do market research.

会議中　意見を述べる／賛成・反対

6. 意見を保留する　DL↓23

「これはとても重要なので、まだ意見を決めかねています。もう少し時間をください」

- I haven't formed an opinion yet, because this is very important. Please give me some time.

「今のところ良い案を思いつきません」

- I haven't come up with a good idea so far.

○賛成・反対

1. 賛成する　DL↓24

「私は(大量生産／競合他社より価格設定を高くすること)に賛成です」

- I'm for the idea of mass production / setting the price higher than that of our competitors.

「私は(バングラデシュに進出する)案を支持します」

- I support the idea of expanding to Bangladesh.

次のページへ続く➡

会議中　賛成・反対

> **1. 賛成する**

「私は(それ/あなたの意見)に大賛成です」

- I couldn't agree more with that / your idea.

「私は(あなた/スミスさん)と同じ考えです」

- I have the same opinion as you / Mr. Smith.

> **2. 部分的に賛成する**　DL 25

「部分的にあなたのおっしゃることに賛成しますが、(状況は違います)」

- I partly agree with your point; however, the situation is different.

「あなたのおっしゃることもある程度は理解できますが、(チャレンジする価値はあります)」

- I can understand your point to a certain / some extent, but it's worth trying.

「(マーケティング戦略という点ではあなたに/あなたの2番目の点については)賛成です」

- I agree with you on the marketing strategy / the second point you made.

3. 反対する　DL 26

「**残念ながら**（あなたのアイデア／価格設定を低くすること）**には賛成しかねます**」

- **I'm afraid I can't agree with** your idea / lowering the prices.

「あなたの考え方には同意できません」

- **I can't accept your point of view.**

「**私は**（あなたの提案／バングラデシュに新工場を設立する考え）**に反対です**」

- **I'm against** your proposal / the idea of building a new factory in Bangladesh.

➡反対理由の説明は p. 78 参照

4. 賛否を変える　DL 27

「皆さんの意見を聞いて考えが変わりました」

- **Having heard your opinions, I've changed my mind.**

「（注意深く／さらに）**考えた後、私はあなたの提案に傾いています**」

- **After** careful/further **consideration, I tend to agree with your proposal.**

会議中　質疑応答

○質疑応答

1. 質問を募る　DL↓28

「今までのところ、何かご質問はありますか？」

- Do you have any questions so far?

「(新製品／契約条件)について何かご質問がありますか？」

- Do you have any questions about our new product / the contract terms?

「どのような質問でもご遠慮なくお尋ねください」

- Please feel free to ask me any questions.

2. 詳しい説明を求める　DL↓29

「その点を明確にしていただけますか？」

- Could you clarify that?

「それについてもう少し具体的に話していただけませんか？」

- Could you be more specific about that?

「(スケジュール)についてもっと詳しく説明してくださいませんか？」

- Could you explain the schedule in more detail?

「もっと詳細な（それに関するデータ）／もっと詳細な（仕様書）／もっと詳細な（スケジュール）が欲しいです」

○ We'd like to have more detailed data on that / more detailed specifications / a more detailed schedule.

「もっと詳しい（この製品の仕様書／このプロジェクトの情報）はありますか？」

○ Do you have more detailed specifications for this product / information on this project?

3. 日程について質問する　DL 30

「（最新データ／見本品）はいつ（手に入りますか／完成しますか）？」

○ When will the latest data / sample products be available/completed?

「（新製品のプレスリリース）はいつ始めるのですか？」

○ When will you start press releases about your new products?

「いつ（市場調査）は完了しますか？」

○ When will you be able to complete the market research?

会議中　質疑応答

4. 実績・数字について質問する　DL 31

「何名が調査に答えましたか？」

○ How many people responded to the survey?

「(昨年度)の販売実績報告書を見せていただけますか？」

○ Would you show me the sales performance statement for last year?

「御社の製品の(ヨーロッパ／アメリカ)でのマーケットシェアを教えてくださいますか？」

○ Could you tell me the market share of your products in Europe / the USA?

答え方

「(ヨーロッパ)でのマーケットシェアは(5)パーセントです」

○ Our market share in Europe is 5 percent.

「弊社は(先月)、(アメリカ)でのマーケットシェアを(40)パーセントに伸ばしました」

○ We increased our market share in the USA to 40 percent last month.

5. 戦略について質問する　DL 32

「御社の販売促進方法について知りたいのですが」

- I'd like to know about your promotion policy.

「なぜ、御社の製品の価格は競合製品より(高い／低い)のですか？」

- Why are the prices of your products higher/lower than your competitors'?

➡理由の説明方法は p. 58 参照

6. 資料を見せながら説明する　DL 33

「(13)ページにデータがございます」

- You can see the data on Page 13.

「この円グラフはアンケートの回答結果を示しています」

- This pie chart shows the results of the questionnaire.

「この結果から、わが社の新製品は(40代)に人気があることがわかります」

- This result shows that our new product is popular with people in their 40s.

次のページへ続く➡

会議中　質疑応答

6. 資料を見せながら説明する

「(8)ページのこちらのグラフをご覧いただければわかるとおり、(オーストラリア)での売り上げは(昨年)(20)パーセント増加しました」

- As you can see from this graph on Page 8, sales increased by 20 percent in Australia last year.

7. 回答を保留する　　DL 34

「すみませんが、今すぐに(詳細／正確な数字)ははっきりわかりません」

- I'm sorry, but I'm not sure of the details / exact numbers right now.

「申し訳ありませんが、私はその分野の専門家ではありません」

- I'm sorry, but I'm not an expert on that.

「お調べして、(明日の正午)までに(こちらからご連絡／メールいたします)」

- I'll look into it and get back to you / email you by noon tomorrow.

「その件は(プログラマー)に確認してからご返答いたします」
- I'll ask our programmer about that and then give you an answer.

「(法務部)に相談させてください、それからお答えいたします」
- Let me discuss it with our legal staff and give you an answer.

「そのデータならオフィスにあります。メールでお送りします」
- I have the data in my office. I'll send it by email.

会議中　提案する

○提案する　DL↓35

「(納豆ピザを加える／ベトナムに日本食レストランをオープンする)ことを提案します」

- I suggest adding *natto* pizza / opening a Japanese restaurant in Vietnam.

「(新製品)の宣伝に、(人気のあるスーパーモデル)を使うことを提案します」

- I suggest that we use popular supermodels to advertise new products.

「私は(品質管理マニュアル)の作成を提案します」

- I propose that we should make a quality control manual.

「(ポイントカード制／懸賞による販売促進)を導入してはいかがでしょう？」

- Why don't we introduce a point-card system / prize promotions?

「(60パーセント支払って／運送会社を変えて)みてはどうでしょうか？」

- How about paying 60 percent / changing the transportation company?

○交渉する

1. 方針を述べる　DL↓36

「(宣伝費の30パーセントを負担する)のが弊社の方針です」

- It's our company policy to pay 30 percent of the advertising costs.

「(購入品の払い戻しをし)ないのが弊社の方針です」

- It's our company policy not to refund your purchase.

2. 要請する　DL↓37

「(宣伝費の50パーセントを負担して)いただけるとありがたいのですが」

- We'd appreciate it if you could pay 50 percent of the advertising costs.

「この件に関して(譲歩／アドバイス)していただけるとありがたいのですが」

- We'd appreciate it if you could compromise / give us some advice on this.

会議中　交渉する

3. 妥協する　DL↓38

「(これ／価格)に関してそちらも譲歩していただけませんか？」

- Could you compromise on this / the price?

「ご要望には応じかねますが、歩み寄ることはできます」

- I'm afraid we can't accept your request, but we can meet you halfway.

4. 結論を保留する　DL↓39

「すみませんが、その件は今すぐには決められません」

- I'm sorry, but we can't decide on that right now.

「私には決定を下す権限がありません」

- I don't have the authority to make a decision.

「上司に相談の上、後ほどご連絡いたします」

- I'll talk with my boss and get back to you later.

「この時点では賛成とも反対とも言えません」

- I can't say yes or no at the moment.

○発言をめぐる表現

1. 発言内容を確認する　DL 40

「すみません、ちょっとわからなくなりました」
- Excuse me, but I'm a little confused.

「お話の途中ですみませんが、確認させてください」
- I'm sorry to interrupt you, but let me confirm that.

「私の理解は正しいですか？」
- Is my understanding correct?

「私が要点を正しく理解しているか、確認させてください」
- Let me make sure that I understand the point correctly.

「誤解のないよう説明させてください」
- Allow me to clarify that.

2. 具体的に確認する　DL 41

「すみませんが、なぜ(納入業者を変更する)のですか？」
- Excuse me, but why are we changing the supplier?

次のページへ続く➡

会議中　発言をめぐる表現

2. 具体的に確認する

「私の理解が正しいなら、(初めからやり直さなければならない)ということですね？」

- **If I understand you correctly, you mean** we have to start again from the beginning**?**

「(御社は40パーセントのマーケットシェアをお持ち)だと理解してもよろしいですか？」

- **Am I right in understanding that** your company has a market share of 40 percent**?**

「(お得意様が増える／顧客はこのポイントカード制を喜ぶ)ということですね？」

- **What you are saying is that** the number of regular customers will increase / customers will be happy with this point-card system**?**

「あなたは(新製品をテスト販売しなければならない)とおっしゃっているのですね？」

- **Are you saying that** we have to test-market our new product**?**

3. 発言の許可を得る　DL 42

「(最後まで話をさ／率直な意見を言わ)せてください」

- **Allow me to** finish speaking / give you a frank opinion.

「申し訳ないですが、私が話す番です」

- **I'm sorry, but it's my turn to speak.**

「私の説明を最後まで聞いてください」

- **Please listen to my explanation to the end.**

4. 発言を撤回する　DL 43

「すみません、(今の発言／コメント)を取り消します」

- **I'm sorry, I take back** what I said / my comment.

「(質問を言い直さ／私が言いたいことを説明さ)せてください」

- **Allow me to** rephrase the question / clarify my point.

「すみません。わかりやすくお話しできていませんね。誤解のないよう説明させてください」

- **I'm sorry. I'm not making myself clear. Let me clarify that.**

会議中　議事進行に関する表現

○議事進行に関する表現

1. 脱線を戻す　DL 44

「話が脱線していると思いますよ」
- I think you are off track.

「本題に戻りましょう」
- Let's get back to the topic.

「今、話し合うべきなのは(メニューの項目)についてです」
- What we have to discuss now is menu items.

2. 休憩を取る　DL 45

「(10分間)の休憩を取りましょうか？」
- Shall we take a 10-minute break?

「(午後3時)までには戻ってきてください」
- Please be back by 3 p.m.

3. 重要な点を強調する　DL↓46

「重要なのは、(顧客ニーズを見極め／知ら)なければならないという点です」

- The point is we should identify/know the customers' needs/demands.

「要は、(熟練した労働者)が必要なのです」

- My point is that we need skilled workers.

「私が言いたいのは、(互いに協力し)なければならないということです」

- What I'd like to say is that we should cooperate with each other.

「私が強調したいのは(チームワークの重要性)です」

- What I'd like to emphasize is the importance of teamwork.

「この点をもう一度繰り返させてください」

- Allow me to go over this point again.

「もう少し詳しく言うなら、(現在の顧客を大切にす)べきなのです」

- To be more specific, we should take good care of our existing customers.

会議終盤　結論を導く

会議終盤

○ 結論を導く

1. まとめにかかる　DL↓47

「時間が無くなってきています」
- Time is running out.

「ペースを速めなければ、時間をオーバーしそうです」
- If we don't pick up the pace, we'll go over the time limit.

「私たちは結論を急ぐべきではないと思います」
- We should not rush to a conclusion.

「時間が無くなりました」
- Time's up.

「ミーティングを終わらせますか？　続けますか？」
- Shall we stop the meeting or continue?

「(30)分間ミーティングを延長しましょうか？」
- Shall we extend the meeting for 30 minutes?

「次回のミーティングでこの議論を続けましょうか？」
- Shall we continue this discussion at our next meeting?

「これでひととおり済ませたかと思います」
- I think that covers everything.

2. 採決する　DL 48

「採決します」
- We'll take a vote.

「〈提案に〉賛成の人は挙手してください」
- If you are in favor of the proposal, raise your hand.
- All in favor, please raise your hand.

「(4)対(1)で可決されました」
- Passed by four to one.

「(ブラジルに進出)する提案は(6)対(5)で可決されました」
- The proposal to expand to Brazil was passed by six to five.

会議終盤　結論を導く／会議を締めくくる

2. 採決する

「(5名のエンジニアを雇用)する提案は(9)対(3)で否決されました」

- **The proposal to** employ five engineers **was voted down by** nine to three.

「否決されました」

- **It was voted down.**

○ 会議を締めくくる

1. 要点をまとめる　DL↓49

「(本日のミーティング／重要な点)を要約いたします」

- **Let me summarize** today's meeting / the important points.

「今日のミーティングを振り返ってみましょう」

- **Let's review today's meeting.**

「私たちの理解をもう一度確認することが非常に大切です」

- **It's very important to double-check our understanding.**

「本ミーティングの結論は、(ベトナムで新製品のテスト販売を行う)ということです」

- The conclusion of this meeting is that we will test-market our new product in Vietnam.

2. 終了を告げる　DL↓50

「次回の会議は(本社)にて(10月10日)の(午後3時)から(5時)まで、(その後の活動)について話し合う予定です」

- The next meeting is scheduled for 3 p.m. to 5 p.m. on October 10 in the head office to discuss follow-up actions.

「〈それでは〉ミーティングを終了しましょう」

- OK, let's wrap up the meeting now.
- Let's finish the meeting.

「しごとのミニマム英語」シリーズ②
英語の会議　直前5時間の技術

発　行　日	2014年10月23日（初版）
著　　　者	柴山かつの
編　　　集	英語出版編集部

英文監修	Paul Dorey
英文校正	Margaret Stalker
アートディレクション	山口桂子
本文デザイン	株式会社 創樹
本文イラスト	矢戸優人
撮　　影	村川荘兵衛
ナレーション	Rachel Walzer、Greg Dale、Howard Colefield、島ゆうこ、Deirdre Merrell-Ikeda、Josh Keller
録音・編集	株式会社メディアスタイリスト
CDプレス	株式会社 学研教育出版
DTP	株式会社 創樹
印刷・製本	シナノ印刷株式会社

発　行　者	平本照麿
発　行　所	株式会社アルク
	〒168-8611 東京都杉並区永福2-54-12
	TEL:03-3327-1101
	FAX:03-3327-1300
	Email:csss@alc.co.jp
	Website:http://www.alc.co.jp/

落丁本、乱丁本は弊社にてお取り替えいたしております。
アルクお客様センター（電話:03-3327-1101　受付時間:平日9時～17時）までご相談ください。
本書の全部または一部の無断転載を禁じます。著作権法上で認められた場合を除いて、本書からのコピーを禁じます。
定価はカバーに表示してあります。

©2014 Katsuno Shibayama / ALC PRESS INC.
Printed in Japan.
PC:7014060
ISBN:978-4-7574-2491-3

地球人ネットワークを創る

アルクのシンボル
「地球人マーク」です。